"十三五"国家重点出版物出版规划项目

海 洋 生 态 科 学 与 资 源 管 理 译 丛

同济大学极地与海洋国际问题研究中心
极地研究翻译丛书（第二辑）
王传兴　主编

促使渔业协议发挥作用

——协议签署后巴伦支海上的讨价还价

MAKING FISHERY AGREEMENTS WORK

POST – AGREEMENT BARGAINING IN THE BARENTS SEA

【挪威】盖尔·荷内兰德　著

潘　敏　等　译

海洋出版社

2016年·北京

图书在版编目（CIP）数据

促使渔业协议发挥作用：协议签署后巴伦支海上的讨价还价／（挪）盖尔·荷内兰德（Geir Hønneland）著；潘敏等译．—北京：海洋出版社，2016.9

书名原文：MAKING FISHERY AGREEMENTS WORK：POST – AGREEMENT BAR-GAINING IN THE BARENTS SEA

ISBN 978 – 7 – 5027 – 9584 – 9

Ⅰ．①促…　Ⅱ．①盖…②潘…　Ⅲ．①渔业管理–研究–挪威②渔业管理–研究–俄罗斯　Ⅳ．①F353.364②F351.264

中国版本图书馆 CIP 数据核字（2016）第 240857 号

图字：01 – 2015 – 5272

ⓒ Geir Hønneland 2012

责任编辑：杨传霞

责任印制：赵麟苏

海洋出版社　出版发行

http://www.oceanpress.com.cn

北京市海淀区大慧寺路 8 号　邮编：100081

北京朝阳印刷厂有限责任公司印刷　新华书店北京发行所经销

2016 年 9 月第 1 版　2016 年 9 月第 1 次印刷

开本：787 mm × 1092 mm　1/16　印张：9

字数：200 千字　定价：56.00 元

发行部：62132549　邮购部：68038093　总编室：62114335

海洋版图书印、装错误可随时退换

著者简介

盖尔·荷内兰德（Geir Hønneland），政治学博士，挪威南森研究所（Fridtjof Nansen Institute）所长、教授，挪威北极大学政治学客座教授。主要从事国际关系研究、有关环境保护和自然资源管理等方面的国际法研究，发表过大量有关北极和俄罗斯政治的论著，尤其是挪威—俄罗斯在巴伦支海地区的关系。最新发表的著作有：《应对空间：联邦政治与俄罗斯北方》（*Tackling Space：Federal Politics and the Russian North*，University Press of America，2006），《海洋治理中的法律与政治》（*Law and Politics in Ocean Governance*，Marituns，Nijhoff/Brill，2006），《作为国际政治的医疗保健问题》（*Health as International Politics*，Ashgate，2004），以及《俄罗斯与西方：环境合作与冲突》（*Russia and the West：Environmental Co‑operation and Conflict*，Routledge，2003）。

译者简介

潘敏，同济大学政治与国际关系学院教授，同济大学极地与海洋国际问题研究中心副主任，本书译者之一。研究兴趣包括极地政治、极地治理、极地国家政策以及北极原住民研究；已发表研究论文四十余篇，专著三部，译著一部。

同济大学极地与海洋国际问题研究中心"极地研究翻译丛书"序

王传兴

在过去十多年里，如果用"雨后春笋"来形容中国的极地国际问题研究发展，恐怕并不为过。当然，中国极地国际问题研究近年来的蓬勃发展，是由多重因素"化合"而成的结果。在这些因素中，我们首先想到的就是全球气候变暖所导致的极地地区自然环境变化，由此带来了一系列的极地环境安全挑战。如果说评估这些极地环境安全挑战及其影响更多的是一个科学问题的话，那么如何应对这些日益严峻的极地安全挑战，则无疑更多的是一个政治问题。一时间，极地国际问题研究开始在世界上成为国际问题研究中的"显学"。相较于"极地国家"和某些非极地国家来说，中国极地国际问题研究虽然慢了半拍，但毕竟已在迎头赶上。

促成极地国际问题研究近年来在中国蓬勃发展的第二个"化合"因素，是极地社会环境的变化。当然，作为全球社会环境的一个组成部分，极地社会环境的变化，乃是全球社会环境变化在极地地区的反映。极地社会环境变化，或者说全球社会环境变化的基本根源，乃是因为国际政治已经或正在从国家间政治向全球政治演进。由此，极地国际政治的参与呈现出不局限于主权国家的多层次、多主体特点，并且所涉及的领域得以大大拓宽。

第三个促成极地国际问题研究近年来在中国蓬勃发展的"化合"因素，要从中国自己身上去寻找。经过三十多年的改革开放，中国的社会、政治和经济发生了巨大变化，中国对外战略随之发生调整。尤其是在过去的五六年里，中国对外战略的调整幅度实在令世人瞩目！极地国际问题研究近年来在中国的蓬勃发展，既是对中国对外战略调整的积极回应，又是中国对外战略调整的逻辑结果。

此外，促成极地国际问题研究近年来在中国蓬勃发展一个不可或缺的"化合"因素，是中国极地国际问题研究知识共同体的形成。可喜的是，中国极地国际问题研究知识共同体的成员，并不完全是"纯粹"的国际问题研究专家。这些共同体成员或者分布于自然科学和社会科学的各种学科门类，或者"根植"于产、学、研和政策制定等部门，以及民间社会组织之中。这种现象折射的是极地问题本身的复杂特性。

同济大学极地与海洋国际问题研究中心的研究人员，有幸成为中国极地国际问题研究知识共同体的成员。本着为这一知识共同体做出自己贡献的愿望，同济大学极地与海洋国际问题研究中心的研究人员正积极开展极地国际问题的研究工作，推出"极地研究翻译丛书"就是这一努力的体现。我们期待同济大学极地与海洋国际问题研究中心的这套"极地研究翻译丛书"，能够为中国极地国际问题研究知识共同体的发展尽一份绵薄之力、起到添砖加瓦的作用。对于丛书的各位译者来说，这是最高的奖励和无上的荣誉！

2016 年 9 月于同济园

中译本序

盖尔·荷内兰德

北极冰盖正在逐步融化，北冰洋海域需要国际性规则以管理人类活动，这正吸引着越来越多的政治关注，例如，渔业需要遵守海洋法的规定。然而，仅靠法律体制，还不足以保证脆弱的北冰洋海洋生态环境得到可持续的利用。国家并不总是履行国际法的义务，环境与资源管理的目标——公司、个人例如渔民，也经常不遵守国家法律。"协议签署后的讨价还价"这个概念，正是我在这本书中所探讨的。为了使"一切按部就班"（getting things done）——使国家履行国际义务，使人们遵守法律，惩罚的威慑并不是保证达到上述目标的最有效方法。通过沟通和协商——在法律框架范围内讨价还价，可以达到许多目的。

本书的主题是北冰洋渔业的管理问题，仅限于如今巴伦支海渔业开发的范围。这片海域拥有世界上最丰富的鱼类资源，其中包括世界最大的鳕鱼群。自20世纪70年代中期以来，挪威和俄罗斯就开始共同管理绝大多数巴伦支海的重要鱼类资源，这也通常被视为国际渔业合作的成功典范。在本书中，我试图呈现出国家为了使"一切按部就班"是如何投入时间和资源的。也就是说，是如何确保鱼类的可持续性管理，避免管辖权问题上的分歧的。当正式协商途径陷入僵局时，参与方诉诸于"背后通道"（back channels），这包括：已达成的科学合作，双方执行机构和渔业间新的合作关系等。在渔业领域之外，巡视员和渔民间也有密切的交流。通常情况下，他们之间并不像是监管者和可能的罪犯关系，而更像是极地海洋上彼此互相尊敬的同伴。

这本书能翻译成中文，我很高兴甚至有点兴奋。我最要感激的是同济大学政治与国际关系学院极地与海洋国际问题研究中心的王传兴教授，是他提议将此书译成中文。也同样感谢他的同事和翻译团队：潘敏教授、宋黎磊副教授、王丽琴博士以及罗毅同学。我还要感谢海洋出版社有兴

1

趣出版此书，感谢原版书的出版商埃尔加·爱德华出版社出让该书的翻译版权。

我希望，挪威—俄罗斯讨价还价的经验不仅限于巴伦支海，还能被运用到北冰洋或其他海域。

2016 年 6 月

中译本导读

潘 敏

随着全球气候变暖，冰封的北冰洋有可能成为未来的渔场。在过去的 15 年里，北冰洋公海永冻冰已经部分融化，且 2012 年的夏季达到有史以来之最，40% 的海冰完全消融。随着永冻冰的融化，北冰洋海洋生物向北移动。最近科学研究表明，约有 800 种鱼类正以每年 26 千米的速度在向极点推进，其中以北极地区为主①。海冰的明显消退意味着在北冰洋公海开展捕捞的条件逐渐成熟，而且全球气候变暖仍在持续，在未来的几十年，北冰洋公海或将出现"无冰之夏"。届时，北冰洋公海 280 万平方千米的海域有可能成为新的渔场。

如何管理好北冰洋公海的渔业问题，使渔业得到可持续性利用，有可能成为未来北极地区治理的热点之一。但是，目前依靠相关国际公约及区域性渔业组织，并不能对北冰洋公海渔业提供有效的治理。然而，通过改良现有区域性渔业组织、依靠北极理事会或成立一个新的渔业组织来规制北冰洋公海渔业难以实现②。目前北冰洋沿岸五国和中国、日本、韩国、欧盟、冰岛（A5＋5）正在紧锣密鼓地协商，希望在这里实行预警措施，使未来北冰洋的海洋生物资源能得到可持续利用；美国希望在 2016 年年底在这十方中首先能达成具有法律约束力的北冰洋渔业管理协议。也许一纸协议的签署并不是什么难事，而协议签署后的有效执行，才是问题的关键；协议签署后可能还有很长的路要走。盖尔·荷内兰德的新著《促使渔业协议发挥作用——协议签署后巴伦支海上的讨价还价》，或许对未来北冰洋公海的渔业治理有一定的启发意义。下面简要介绍一下本书的主要内容。

---

① Bob Weber. Ottawa restricts possible Arctic fisheries. *The Canadian Press*, October 17, 2014.

② 刘惠荣，宋馨：《北极核心区渔业法律规制的现状、未来及中国的参与》，《东北亚论坛》，2016 年第 4 期。

　　1975 年，苏联与挪威签署巴伦支海渔业协议，共同管理巴伦支海绝大多数重要的鱼类资源，并赋予挪威渔业机构监督这一海域捕捞活动的权利，本书主要讨论这个协议的执行过程，探讨双方尤其是俄罗斯为什么会遵守这一协议。40 年来，尽管协议执行过程一波三折，但总体而言，还是得到了有效的执行，巴伦支海渔业资源保存完好，尤其是在全球渔业管理失败的背景下，这里的成功管理经验就显得非常珍贵。

　　作者研究发现，1991 年 12 月苏联解体前后，俄罗斯渔民对这个协议的遵守发生了戏剧性变化。在这之前，俄罗斯渔民严格遵守渔业协定规定捕捞数量；但在这之后，他们过度捕捞现象非常严重，大约超过其配额的 60%。为什么？一个很重要的原因是苏联时期实行的是计划经济，渔民们必须将他们的所有捕捞物都运回国内，交给政府处理；但苏联解体后，渔民不用将所有捕捞物都运回国内，而是将一部分运到国外港口直接卖出。由于那时俄罗斯经济捉襟见肘，赚取这些外快对渔民来说非常具有吸引力。这就导致了巴伦支海海域的过度捕捞现象。挪威渔业检查人员最早发现了过度捕捞，于是收集资料，包括俄罗斯渔船上日志、俄罗斯无线电台的信息等。当这些数据呈现在俄罗斯渔政人员面前时，双方执法部门决定成立一个工作组，采取措施促使各执法部门间的直接联系，并交换法律文件、观察员和捕捞数据。通过合作，很快就处理好了过度捕捞问题。此后几年，挪威—俄罗斯渔业联合委员会称其执法合作是一项巨大的成就。

　　但好景不长，世纪之交，俄罗斯渔民又在巴伦支海过度捕捞，超出了他们的配额，而且一直持续到 2009 年。为什么会如此之久呢？主要原因是俄罗斯当局不像前一次那样与挪威人精诚合作。当时国际海洋考察理事会建议将鳕鱼的可捕获总量减少到五分之一，俄罗斯声称他们"一条鱼都不愿让步"；挪俄渔业联合委员会有史以来首次出现会议中断；挪俄双方在打击超额捕捞的鱼品登陆这一问题上很难达成一致；甚至连过去曾采用的措施如今都难以实施。这一执法难题最终在东北大西洋渔业委员会内挪俄共同参与的多边行动中得以攻克。在 2007 年过度捕捞的数量有所减少，到 2010 年过度捕捞似乎已经停止。

　　协议签署后，挪威与俄罗斯之间在协议的执行过程中不断磋商、讨价还价，尽管期间也有不尽人意的时候，但最终双方还是找到了解决问题的途径。其中关键原因在于，挪俄双方在管理巴伦支海鱼类资源问题上没有原则性的分歧，从政界、科学界到谈判代表团，他们都意识到可持续性管理这一海域的鱼类资源对两国的重要性。分歧在于捕捞管理技术执行的宽严以及官僚政治的过程。

谈判手段和方法可能也是协议能得到遵守的重要原因。挪俄很少运用正式的"桌面上"的会谈，而是采纳在渔业联合委员会较低层次的下属机构之间以及两国代表团团长之间进行非正式的协商、讨价还价，随后在各自的代表团通过决定。实际上，在提交委员会最后批准之前，许多问题已经在常务委员会及其小组会议上达成了协议。在斯瓦尔巴德群岛区，甚至有些问题的解决是通过下一盘棋来决定，这听起来有点匪夷所思，但实际情况就是这样的。另一方面，挪威检查员和俄罗斯渔民也在海面上进行讨价还价，海岸警卫队花费大量时间试图说服俄罗斯渔民，如果不中断捕捞作业，鱼群将会受到危害，同时出示数据使俄罗斯渔民确信这一危害不是空穴来风。

巴伦支海渔业协议能得到较好的执行，可能不是传统现实主义者认为的那样，国家遵守其国际承诺是因为这些承诺反映了他们的利益；不是规范理论所认为的那样，挪威人的提议都是合法的；也不是自由制度主义者认为的那样，官僚组织的过程往往有利于遵守而不利于不遵守；巴伦支海渔业协议能得到较好的执行可能是挪威和俄罗斯在巴伦支海渔业管理上利益中的一致性，以及二者在谈判过程中妥协和讨价还价的能力。因此，本书让我们收获的不仅是巴伦支海的渔业治理为其他地区的渔业治理提供经验和方法，同时在学术上也是实证研究检验理论假设的很好案例。

本书最突出的研究方法是大多数资料来源于访谈和深度参与观察，这也只有作者那样得天独厚的经历才能做到，其他学者可能有点望尘莫及。这种经历和资料来源使作者的问题意识集中于协议签署后的执行过程而不是协议本身，在执行的过程中也主要关注"桌面下"的非正式的协商和讨价还价，而不是"桌面上"的正式的会谈和交涉；作者的经历和资料来源也使这本书不拘泥于学术著作的书面语言，大众化的口语使这本书非常具有可读性，同事们在翻译过程中，也有意突出这种语言特色，使中译本读起来也朗朗上口，因而感兴趣的人会超出学术圈子。

接到这本书的翻译任务时，我们正在关注和研究北冰洋公海的渔业治理问题，因而如获至宝；翻译的过程也是愉快的，时不时因作者诙谐的语言而忍俊不禁，因悬疑似的故事情节而紧张兮兮；时常被作者深刻的分析所折服；作者的"深描"手法也能让我们更多地了解挪威人和俄罗斯人。书中还有很多精彩的地方，当然也有不足之处，留着读者慢慢阅读和思考吧！

在本书翻译过程中，为忠实表达作者的原意，除了对明显的印刷错误、与事实不符的地方做适当改正以外，对原著内容我们未做修改或者删减。书中的观点仅代表原著者的观点，并不代表我们和出版者的立场，敬请读者在阅读本书过程中予以注意。

2016 年 6 月

致　谢

　　本书获得挪威研究理事会"海洋与沿海地区"研究项目的资助。感谢该项目的博士生安妮 – 克莉斯汀·约尔根森（Anne – Kristin Jørgensen）就书中提出的话题跟我数次讨论，感谢斯提格·格则琉斯（Stig Gezelius）和奥莱沃·斯拉莫·斯托克（Olav Schram Stokke）深入和建设性的建议，感谢苏珊·郝维克（Susan Høivik）精彩的语言润色，感谢克拉斯·吕克·雷格纳（Claes Lykke Ragner）和玛丽安娜·瑞格（Maryanne Rygg）卓越的技术支持，感谢卡莉·洛伦岑（Kari Lorentzen）高效的图书馆服务。本书的前半部分是在 2010 年盛夏访问奥尔堡大学（the University of Aalborg）的"创新渔业管理"（ Innovative Fisheries Management，IFM）时完成的。感谢杰斯帕·纳珂亚（Jesper Raakjaer）接受我和安妮 – 克莉斯汀为客座研究人员，感谢在希茨海尔斯（Hirtshals）的 IFM 工作人员让我们度过难忘的时光。最后，感谢接受我访谈的所有挪威和俄罗斯的公务员和科学家们，你们在百忙之中挤出时间配合我的采访，没有你们这本书是无法完成的。

盖尔·荷内兰德

目 录

第一章　导言

人们为什么遵守法律？国家为什么遵守他们的国际承诺？近年来，"遵守"（compliance）这个概念已经引起了政治科学家们越来越浓厚的兴趣。关于这个问题的争论涉及多种学科不同层次的政治进程。在国际层面上，讨论的重点是如何遵守国际条约和社会制度的义务；在国家层面上，讨论的重点是下级机构如何处理上级机构作出的决定；在个人层面上，讨论的重点是个人如何遵守约束自己行为的规则。这类文献是建立在经济学、心理学、犯罪学以及其他社会科学的研究和发现的基础之上的。一般而言，这类文献有两个主要目的：一是解释主体为何遵守一定的规则；二是有关当局如何增强人们的遵守程度。为什么司机有时遵守交通规则？为什么渔民有时（再次用"有时"）要在配额水平内保持他们的捕获量？这是一个涉及个人道德、经济算计和政治机构的合法性问题吗？什么类型的政治行为最能培养一个人的遵守意愿？为什么国家有时遵守与他国签署的协议，而有时却又不遵守呢？国家具有伦理道德观念吗？如果国家未能遵守自己的承诺，他们害怕遭到羞辱或是被其他国家报复吗？国家可以采用什么策略确保其他国家遵守自己的承诺呢？

本书通过对国际渔业管理的深入研究，来探讨上述诸问题，检测在国家和个人层面上人们的遵守程度。在此过程中，会涉及诸如在欧洲高纬度地区东西方的交流与协调等问题，在这里，俄罗斯卷入了与北欧邻居的合作网络之中。巴伦支海是地球上出产鱼类最多的地区，拥有世界上最大的鳕鱼资源。自从20世纪70年代中期200海里专属经济区（EEZs）提出以来，挪威和苏联/俄罗斯通过挪威—俄罗斯渔业联合委员会共同管理这一海域的主要鱼类资源。大约35年后，在全球渔业管理失败的大背景下，这种双边管理体制却是一个成功的例外：这里鱼类资源保存完好；而且，由来已久的合作在友好的氛围里不断扩展。双方都展示了在巴伦支海的成就，成为值得效仿的典范。

总体而言，双边协议和国家渔业法规都得到了遵守。然而，自20世纪90年代初以来，俄罗斯渔民的遵守情况却令人不满，这已经成了联合委员会讨论的主要议题。挪威反复申明俄罗斯人过度捕捞，并且已经采用了一系列的谈判策略诱导俄罗斯渔民遵守约定的配额水平，同时也让俄罗斯当局认识到问题的严重性。挪威还不断向俄罗斯施压让其同意控制措施，这些措施能够增强参与方对国际公认的渔业管理预防措施的承诺。在追求遵守的过程中，挪威方面会采取什么策略以及如何让俄罗斯方面能够感知到呢？我们能否在挪威督查人员与俄罗斯渔民的对抗中，甚至更宽泛地说在东方大国俄罗斯和西方小国挪威之间的渔业关系中，找到遵守理论的实证研究支持呢？这是在个人层面和国家层面上研究遵守情况，主要集中在协议签订后，双方如何讨价还价，来提高对协议的遵守程度。

一、理论路径

在经济学文献中，遵守在很大程度上被看作是两个方面的结果：一方面是个人计算成本—效益的结果；另一方面是对公共权力部门威慑的反应：实质是，人们遵守法律和规章制度是因为这样做符合他们的最佳利益，或是因为如果犯罪行为被察觉，他们担心受到惩罚。在汤姆 R. 泰勒（Tom R. Tyler）1990 年出版（2006 年再版）的，且有较大影响力的书《人们为什么要遵守法律》（*Why People Obey the Law*）中，他提供了令人信服的证据，这些证据不必依赖于社会学传统历史悠久的事例。他认为个人道德和被公共权威部门所欣赏的合法性能说明人们遵守法律规章比自私自利更好。当人们觉得法律公平公正的时候，或者是当他们觉得有义务遵守由他们信任的政治体制制定的法规时，他们会遵守法律。在实践生活中，即使对违反法律者的处罚概率接近于零，人们也遵守法律；即使陷于重大风险中，人们也照样违反法律。人们可能会遵守反映他们个人信念的法律，但不愿意遵守对他们来说毫无意义的、缺乏经济利益的法律。对于公共权威部门，泰勒认为（2006，第 25 – 26 页），合法性比道德提供了一个更加稳定的遵守基础。这样的合法性是建立如此责任感的基础上：听命于任何权威机构所发出的号令。这是"一个领导者可以吸引忠诚的蓄水池，给他们进行有效管理所需要的自由决定权"（2006，第 26 页）。在他自己的"芝加哥研究"（Chicago Study）中，泰勒随机抽取了样本，分析了芝加哥日常罪犯的经历、态度和行为，他发现合法性比违反规则被抓住并接受惩罚的风险性更有影响力。他认为，"在法律上，人们与他人合作的动机是根植于社会关系和道德判断，而不主要是为了避免惩罚或获得奖励"（2006，第 270 页）。泰勒对比了工具主义方法（以威慑为基础的）与他所探讨的以规范为视角的遵守的方法。

如何规范公共池塘资源（common – pool resources）或公共用地（the commons）？推动合作是这类文献资料的核心内容。公共池塘这类资源有个很重要的特征，即这部分人使用它们，就意味着将损害另一部分潜在用户的利益，这些资源以牧场、鱼类资源、地下水盆地、灌溉水渠和其他水体为代表。在其开创性论文《公地悲剧》（The Tragedy of the Commons）中，加勒特·哈丁（Garrett Hardin，1968）描述了一种情形：习惯于独来独往追求自我利益的参与者，最终会导致公共资源的毁灭，即使这样做不符合每个参与者的长远利益。为了避免这种情况发生，他建议"根据多数人的意愿互相强制、互相协定（mutual coercion, mutually agreed upon）"（Garrett Hardin，1968，第 1247 页）。随后，诺贝尔经济学奖获得者厄里诺尔·奥斯特罗姆（Elinor Ostrom）在她广受欢迎、1990 年出版的《公地治理》（Governing the Commons）一书中声称，共同财产这个悲剧不是不可以避免的。奥斯特罗姆列举了几则公共资源成功管理的案例，其中大多数具有地方性、传统性、无意识和自发性等特征。她的主要观点是，在特定条件下（见第二章），一个相对有限的本地用户，在使用他们的公共资源时，可能会同意他们之间的管理原则，正像哈丁所描述的，外界干扰是多余的、不必要的甚至是潜在有害的。

在奥斯特罗姆著作出版的前几年，麦凯（Bonnie McCay）和艾奇逊（James Acheson）1987 年二人合著了《公地问题》（The Questions of the Commons）一书，提出了"合作管理"（co‑management）的方法。他们将国家参与管理作为一种可能性（不同于奥斯特罗姆选择的案例），认为如果用户群能够影响到规则和公共管理程序的制定（共同管理而不是自我管理），那么公共财产得到成功管理的希望将大大提高。对奥斯特罗姆或者倡导共同管理的学者来说，遵守不是主要问题，合法性才是问题的关键。至少，泰勒的假设是含蓄的，即人们更可能遵守他们认为合法的规则，因为规则是好的，因为作为用户他们对规则的制定做出了贡献或者影响其制定的过程，或者因为他们相信制定规则的那些人。有关渔业遵守的文献资料观点是：一半倾向于以威慑为基础的遵守，另一半倾向于合法性诱导的遵守。

在第二次世界大战结束后的 10 年里，遵守成为国际关系研究的一个问题，这很大程度上是针对现实主义学派作出的反应。在现实主义的传统中，国家遵守国际协议不是问题，因为国家确信达成协议符合他们的利益。而且，对于现实主义来说，国家行为可能符合条约规则，因为行为和规则都反映了强大国家的利益。最近，与产生于 20 世纪 60 年代末对现实主义流派中的制度主义批评保持一致，在国际关系中遵守文献声称是"机构的作用"。国际协定或国际制度的构建方式影响到各国遵守的倾向。在埃布拉姆·查伊斯和安东尼亚·查伊斯

（Abram and Antonia Chayes，1995）被广泛引用的著作——《新主权论：遵守国际管理协议》（*The New Sovereignty: Compliance with International Regulatory Agreements*）中，他们认为政治制度或条约在运作上的透明度以及解决争端、技术、财政援助的机制是提高所有国家对国际协议遵守的因素。而且遵守决定不是一劳永逸的。国家在一系列问题上继续加强彼此之间的关系，并且遵守问题产生了一种互惠性环境。当协议被终止时，谈判并没有结束，这是在协议之下生活不断延续的体现。确保遵守协议成为"法律笼罩下的讨价还价"（Bargaining in the shadow of the law）（Mnookin and Kornhauser，1979；Cooter et al.，1982）或"协议签署后的讨价还价"（Jönsson and Tallberg，1998）。

遵守文献中的不同观点对实证调查的强调有所不同。受到哈丁的"公地悲剧"理论的启发，公共资源管理研究中的理性选择方法，不太重视实证调查，至少对他们的基本假设很少进行过实证研究。为了便于分析，公共资源被假设成为注定要遭到毁灭的，除非受到国家的强制干涉。在其古典主义模式中，这也是国际关系中现实主义视角的体现：最强大的国家被相信总是有办法。另一种视角退一步，并质疑这是否是事实。不用政府的强力控制，用别的方式能够成功地管理公共资源吗？在国家间可以解释其行为的层次结构中，除了国家还有没有其他因素？在更广泛的遵守文献中，关注个人对法律的遵守，这种划分不太清楚，但仍然是明晰的。

以威慑为导向的方法，即泰勒（2006）称之为遵守的工具主义视角，建立在最纯粹的假设基础之上，即个人总是从自身的利益出发决定是否遵守法律。相比之下，规范视角并不认为个人行为举止完全建立在道德和合法性的基础之上。这种可能性是开放的，威慑可能是遵守的重要来源，甚至是最重要的来源，但它需要一个更广泛的对个人遵守法律的所有可能性来源进行调查。因此，虽然传统的观点也欢迎实证分析，但其描述的范围比较有限。工具主义者或许可以探究到各种经验背景中的威慑运作，例如更有效的威慑指定目标。同样，理性的理论家或许着眼于寻找最合适的层面和国家的强制形式研究公共资源管理。国际关系中的现实主义者研究世界政治，但是他们根据权力关系来解释事件。没有一个学者会对他们各自研究计划中的基本假设产生怀疑，例如为什么参与者总是各行其是。另一方面，公共资源管理的另一种视角以及个人和国家层面上的遵守，都给所有能够想到的关于个人和政府行为的解释开出了经验检测的药方，包括那些为"传统主义者"偏爱的经验。这将在第二章详细论述。①

二、实证研究地点

巴伦支海（参见图 1-1）位于挪威和俄罗斯西北部，北到斯瓦尔巴德群岛（Svalbard）、东到新地岛（Novaya Zemlya）。传统上，巴伦支海丰富的渔业资源是沿海居民基本的生活保障，尤其是在挪威北部和俄罗斯的阿尔汉格尔斯克地区。自从 1917 年俄国革命以来，在科拉半岛（Kola Peninsula）的摩尔曼斯克市（Murmansk）一直是巴伦支海俄罗斯渔业的神经中枢。

国际合作管理东北大西洋海洋资源的第一步最早追溯到 1902 年，即国际海洋考察理事会（The International Council for the Exploration of the Sea，ICES）的成立。《1946 年欧洲过度捕捞公约》（The European Overfishing Convention of 1946）中引入的第一个管理机制是以规定渔网的最小尺寸和捕捞上岸的鱼的长度的形式出现的。1959 年，14 个国家，其中包括挪威和苏联，签署了《东北大西洋渔业公约》（The North-East Atlantic Fisheries Convention）。东北大西洋渔业委员会（North East Atlantic Fisheries Commission，NEAFC）的职权是对技术法规提供建议，这可以通过微弱多数来完成，而捕捞配额的确定则需要三分之二的多数同意。东北大西洋渔业委员会直到 1974—1975 年才成功地确定了配额。同时，在第三次联合国海洋法会议上就 200 海里专属经济区达成协议，挪威和苏联就巴伦支海的鱼类双边管理开始谈判。

1974 年 12 月，苏联渔业部长亚历山大·伊什科夫（Aleksandr Ishkov）访问奥斯陆，两国同意建立巴伦支海联合渔业管理协议②。该协议于 1975 年 4 月在莫斯科签署并立即生效。这是一个框架协议，双方愿意在东北大西洋渔业合作委员会领域内为"保护和合理利用海洋生物资源"共同努力。该协议还要求建立挪威和苏联渔业联合委员会，每年至少举行一次会议，在双方国家轮流召开。当时，该委员会工作的细节并不清楚，但当第一次会议于 1976 年 1 月召开时，双方同意共同经营该地区两个最重要的鱼群（鳕鱼和黑线鳕），配额五五开。1978 年，他们同意把毛鳞鱼（capelin）作为共享资源，并按照有利于挪威的6:4配额比例分配。当挪威和苏联分别在 1977 年 1 月和 3 月各自宣布其专属经济区时，1975 年增补了一个双边合作协议，是关于共享捕鱼权的独立协议③。

---

① "可选择"和"传统"的术语不是很精确，在第二章中将更深入地介绍这些理论。
② 《"苏联与挪威渔业合作协议"（与各国的协议）》，奥斯陆，外交部，1975，第 546-549 页。
③ 《"苏联与挪威渔业合作协议"（与各国的协议）》，奥斯陆，外交部，1975，第 974-978 页。

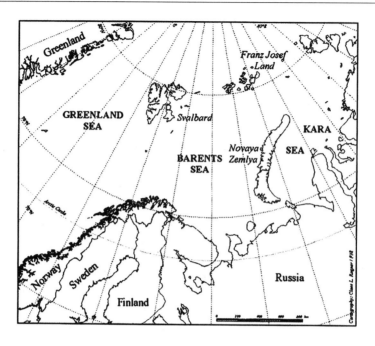

图 1-1　巴伦支海

图中英文地名翻译：从上至下、从左至右分别是：格陵兰（Greenland）、法兰士·约瑟
夫地群岛（Franz Josef Land）、格陵兰海（GREENLAND SEA）、斯瓦尔巴德群岛（Swal-
bard）、喀拉海（KARA SEA）、巴伦支海（BARENTS SEA）、新地岛（Novaya Zemlya）、
挪威（Norway）、瑞典（Sweden）、芬兰（Finland）、俄罗斯（Russia）

　　在 20 世纪 80 年代，双方形成了一个特定的配额交换方案，即苏联用鳕鱼和黑线鳕部分配额来交换仅仅在挪威水域发现的另外几种鱼类的配额。这些鱼类，尤其是蓝牙鳕，被大量发现，但对挪威渔民来说几乎没有什么商业利益。在苏联的计划经济体制中，数量比价格（出口市场）更重要，因此这样的安排符合双方的利益。

　　这项协议随着苏联的解体和俄罗斯市场经济体制的引入而发生了变化。现在全球的渔业市场中，鳕鱼和黑线鳕，这两种在全球渔业市场中高价位的鱼种不仅吸引了挪威人，也吸引了俄罗斯渔民的兴趣。鳕鱼和黑线鳕从俄罗斯向挪威迁移导致共享配额在逐渐降低，于是俄罗斯渔业公司开始在国外捕捞，主要是在挪威。俄罗斯渔民第一次受到超额捕捞的刺激，同时俄罗斯执法部门失去了对俄罗斯捕捞量的控制，因为配额控制的传统做法是在交货时点清。1992—1993 年，挪威渔业当局怀疑俄罗斯捕鱼船队超配额捕捞，并采取措施，根据在挪威靠岸的俄罗斯渔船捕捞量以及海岸警卫队在海上检查的结果来计算俄罗斯的捕捞总量。挪威声称，俄罗斯超额捕捞了 50% 以上。俄罗斯方面没有质疑这个数字，并且双方同意延长他们的渔业合作，包括执法方面。这涉及交换捕获数据，特别是挪威当局转交给俄罗斯的数据副本，这些副本涉及在挪威入境销售的鱼类数据。广泛的技术法规协调和20世纪整个90年代合作新措施的引进成功促使了强制性合作的建立。

世纪之交，出现了渔船停靠新码头的现象。俄罗斯渔船恢复了苏联时期的做法：在海上把他们打捞来的鱼交给运输船。但是，现在这些装满鱼的运输船，不是驶向摩尔曼斯克而是前往欧洲另外一些国家：丹麦、英国、荷兰、西班牙和葡萄牙。挪威再次提出评估有可能的过度捕捞，但是现在俄罗斯对此持不合作的态度。因此挪威采取单方面措施，计算在巴伦支海的过度捕捞数量。出示的数据表明，从2002年起俄罗斯开始过度捕捞，2005年，这个数据上升到俄罗斯配额总量的75%，到2009年数据逐渐降低至零。俄方不会接受这些数字，声称他们充其量做得不太好，并认为这是反俄情绪一种最坏的表达方式。但是，国际海洋考察理事会用此数据来估算21世纪最初10年巴伦支海的总捕获量，因此挪威提供的这些数据得到某种程度的认可。其他争论的问题有世纪之交时的配额水平状况、（在较小程度上）21世纪前10年中期产量的估算方法等。

三、提出问题

由于苏联的解体，挪威方面声称，在巴伦支海过度捕捞的问题主要针对俄罗斯渔民①。挪威人不再满足于停留在政府公文的层面上，并且要求俄罗斯人注意可能存在的问题。实际上，他们积极劝导俄罗斯渔民遵守巴伦支海的渔业法规，并说服俄罗斯国家当局——作为巴伦支海的条约伙伴国和全球所有主要渔业协定的签约国，应重视他们对渔业可持续管理的承诺。在这本书中，我们将运用协议签署后的讨价还价理论框架，密切关注这些谈判的进程。

本书重点讨论的问题是在双边管理安排上，根据挪威和俄罗斯之间的双边协议，良好渔业管理的实际条款作为谈判的一个交流渠道，就像两国都采用的全球渔业协定一样。问题不是挪威—俄罗斯渔业管理机制有效到什么程度（在解决问题、改善情况或影响等方面）②。作为一个自发参与者我不想研究这些。

①　这并不是说，在巴伦支海，挪威人从来没有超过其配额的过度捕捞。直到20世纪80年代（见第三章），挪威实际上一直保持着传统，允许且经常过度捕捞。在21世纪，发生过一些挪威人（限于少数）过度捕捞的情况，因为当局无法阻止一些特殊的渔船在捕鱼量完成后的"竞争"。这也不是说，俄罗斯在20世纪90年代早期和21世纪最初10年这两个时间段真的过度捕捞了其配额（或者说他们并没有在20世纪90年代末这么做）。评估挪威关于俄罗斯过度捕捞的要求已经超出了本书的范围。

②　斯托克（Stokke）的研究是这里资料的权威来源（即将发表）。

我所关注的是挪威如何绞尽脑汁将其认为符合国家法律（有关个别渔民的行为）和国际义务（俄罗斯作为一个国家）的行为给俄罗斯施加影响。这涉及以下几个问题①：挪威人的谈判努力采取什么形式？这些努力能得到俄罗斯方面怎样的回应？有证据表明这种努力对俄罗斯的行为产生影响了吗？

在个体层面上，我主要关注挪威海岸警卫队（Norwegian Coast Guard）检查人员和俄罗斯渔船船长的遭遇上，这通常发生在海上检查期间。检查人员如何尽力劝导船长服从管理？② 船长如何理解挪威人的检查？有理由相信挪威检查人员能够对俄罗斯渔民的遵守产生影响吗？如果有影响，这一切是通过威慑、影响船长的道德、规则或管理制度的合法性而产生的吗？在国家层面上，我研究挪威渔业部门如何通过渔业联合委员会（Joint Fisheries Commission）及其常设委员会（Permanent Committee）（见第三章），以及在与俄罗斯同行的日常沟通中，试图用双边渔业协定和全球渔业条约影响俄罗斯人遵守相关规则③。焦点是在20世纪90年代早期和21世纪前10年的中期，挪威指责俄罗斯过度捕捞的两个实例。我还打算讨论挪威这几点尝试：第一，与俄罗斯协调一系列两国之间的技术法规，20世纪90年代后半期联合推出的新规定；第二，说服俄罗斯保持的配额尽可能接近国际海洋考察理事会在世纪之交的第一年所提出的科学建议；第三，防止用俄罗斯联邦渔业研究机构提出的估算鱼类新方法，这个方法是由该研究所于21世纪前10年中期牵头提出的（国际海洋考察理事会认为是不谨慎的），并被俄罗斯渔业部门正式采用过。在某种程度上，也可以说很大程度上，俄罗斯已经履行了对巴伦支海进行可持续渔业管理的义务，尽管是后来而不是立即履行义务的。这要归功于挪威影响俄罗斯行为的努力吗？

在提出这些问题时，我从另一种视角来讨论遵守问题。正如上面所述，传统方法较少鼓励学者对人们遵守情况的实证研究，也不鼓励对公共权威机构如

① 同样，这不是说有个先验的理由认为俄罗斯应该学习挪威，诸如在经验和道德领域。我仅仅是从实证观察的角度开始，即挪威人试图在联合委员会与俄罗斯的往来中影响俄罗斯人的行为，包括挪威检查人员与俄罗斯渔民在海上的遭遇过程中。

② 挪威海岸警卫队在挪威司法管控之下的巴伦支海区域执行渔业法规（参见第三章）。挪威海岸警卫队也间接为执行俄罗斯的法规作出了贡献。很多技术上的规则，两国是一致的（参见第三章和第四章）。在检查期间，挪威海岸警卫队在俄罗斯渔船上获得的捕鱼数据，俄罗斯执法机构在他们的捕获量控制中也可以使用。如果发现俄罗斯渔船的捕捞量超过了书面记录，挪威海岸警卫队就指控他们少报告了他们的捕鱼数量。过度捕捞的正式指控，也就是说一年的捕获量超过了规定的捕获量，这只能由国家渔船管理机关来商讨，既然这样，俄罗斯也不例外。

③ 再次，这并不是意味着挪威的立场一定比挪威试图施加影响的、俄罗斯已经存在的实践行为更"正确"。我的实证研究集中在挪威的行为上，原因有两点：首先，在苏联解体后，在双边管理制度上，涉及变化的大多数建议来自挪威；其次，有关国家政策的实证数据，从挪威方面比从俄罗斯方面更容易获得。

何保证遵守得以最好执行的研究。人们遵守法律被认为是他们能看到最佳的经济利益，当局用监视和制裁的方式来确保威慑起作用。反过来，各国被视为根据其强大的国家意志来行事，不管国际协议是否有各种各样的规定。"另一种"视角并不否认这一切，但这种视角想对此进行实证检验。这种视角还指出实证检验表明，这个世界与理性主义模式所展现出来的内容是不一样的。人们甚至在缺乏自身经济利益和惩罚威胁时仍然表现出对规则的遵守。公共池塘资源的用户甚至在没有国家的威压下确确实实成功管理了这些资源。国家的遵守是由条约或体系等制度性因素决定的，或者由协议签署后的沟通行动决定的。

这里重点关注的是"另一种"视角的沟通方面，但我在评估能使俄罗斯渔民遵守挪威检查人员的管理规则（他们要达到的程度）时，也会考虑到合法性和道德的作用。同样，当讨论为什么俄罗斯在双边渔业管理合作安排下遵守挪威的要求时（在某种程度上，俄罗斯也这样做了），我也没有忘记制度性因素的作用。当谈判成功时，那是由于谈判自身的结果导致的吗？（例如，谈判也许需要特别合适的形式吗？）或者说主体（俄罗斯渔民，或者把俄罗斯作为一个政治实体）把遵守作为首选方式呢？如果说这不是他们的短期利益，那么是他们的长期利益吗？俄罗斯人会被挪威人强有力的论据说服吗？或者说，发生在这一特殊制度背景下的谈判是决定性因素吗？

最后，我将讨论"遵守"和"协议签署后的讨价还价"这两个概念。与扬（Young）的定义一致，我理解"遵守"的意思是"主体或参与者的所有行为符合行为规范的要求，符合遵守体系的要求"（第二章将进一步解释这些概念）。根据这个定义，这里讨论个人的遵守，对国家而言很简单，只要符合巴伦支海渔业法规的行为。然而，在国家层面，事情远远不是那么简单。我们的出发点是挪威与俄罗斯在 20 世纪 70 年代中期谈判签署的双边渔业协定。然而，这些都是协议框架，它们很少以约定俗成的物质利益作为开端，并不断充斥在联合委员会的年度会议上。因此，我所分析的内容是各方当事人能否遵守这些措施，这些措施就写在从这些会议上得出的协议中。这也涉及讨论双方对海洋法应尽义务的问题。在很大程度上，这些来自于不同层次的义务，融入到总体需求中，以引导对渔业的可持续管理；而且自 20 世纪 90 年代中期以来，渔业管理与各种预防措施基本一致（见第四章）。这个讨论不是被严格限制在遵守谈判上，协议签订后的交涉小组应该理解这点。约翰森和托尔伯格（Jönsson and Tallberg，1998，第 372 页）给协议签署后的讨价还价定义为"所有的交涉进程都是根据协议的结论进行的"，我们将在第二章看到。他们对遵守谈判的理解是"签字方之间或者在签字国与管理协议的国际机构之间，已经签订协议后的谈判过程，这种谈判属于本协议的内容和协议义务的体现（Jönsson and Tallberg，1998，第372 页）"。如上所述，在讨论国家层面中，应包括挪威影响俄罗斯关于科学建议和技术规章观点的努力。这点通常被视为与渔业守法毫无关联的内容，但是与广义的渔业管理有关。问题的关键是这种解释是否仍然作为"有关条款和义务的协议"加以理解。为了表明这一点，在这里采用稍微宽泛的方法，我使用的概念是"协议签署后的讨价还价"而不是"遵守的讨价还价"。另一方面，国际海洋考察理事会和联合委员会采纳渔业管理的预防标准也是对国际渔业法规的遵守问题，我们将在第四章讨论这一点。

四、研究方法

这项研究运用了各种定性研究方法：观察、访谈和文本分析。这些最新的实证资料是在 2009 年至 2010 年间，通过访谈俄罗斯渔民（他们大多数是船长）而得来的。访谈是由我和我的同事安妮 - 克莉斯汀·约尔根森（Anne - Kristin Jørgensen）在挪威的各个港口进行的（一些是由约尔根森单独完成的）[1]。俄罗斯渔船来这些港口送鱼或修理。我们通过船长的经纪人（挪威人，他们在挪威港口为船长们处理具体问题）与船长们取得联系；有些船长跟我们很熟悉，有些人我们可以直接在码头、街上或者简单地爬上他们的船直接与其取得联系。我们曾于 1997—1998 年间在挪威港口对俄罗斯船长有过类似的访谈[2]，本书也利用了这次访谈的一些资料。这些访谈也证明现在与俄罗斯船长谈话比 20 世纪 90 年代末要困难得多。实际上，我们试图与之谈话的大多数人都拒绝跟我们说话，说船东已经禁止他们接受记者采访。为了得到一个有价值的采访，我们鼓励一位摩尔曼斯克的俄罗斯研究者单独去执行这次访谈任务[3]。她通过本市渔场的一些熟人和有业务往来的人，找到了一些船长和船员。总之，大约有 50 位这类人接受了我们的采访。在 2006 年至 2009 年间，大约有同样数目的科学家和公

---

① 为了确保俄罗斯受访者的匿名性，我们没有标出具体的地点。

② 这些采访引导着我博士论文的方向，经过修订后出版发行，形成了荷内兰德（Hønneland）系列。

③ 我们决定不亲自去采访俄罗斯摩尔曼斯克市的渔民，因为挪威关于俄罗斯过度捕捞的声明已经成为当时俄罗斯西北地区一个非常敏感的问题。为了能拿到俄罗斯签证，我们将不得不陈述我们的研究目的，并列出我们计划访问的机构。如果我们说采访俄罗斯渔场人员关于有可能过度捕捞的问题，我们或许得不到签证。即使我们获得了签证，也很难保护受访者的姓名不被透露，因为安全部门的代表（或俄罗斯其他机构）可能会监视我们。鉴于该问题的敏感性，我们也不能确定执行采访任务的俄罗斯研究员的身份。

务员（包括俄罗斯渔业执法机构的代表）接受了我们的咨询[①]。从我们如何找到访谈对象的描述中得知，样本不是随机的。实际上这也不可能；定性访谈也不要求随机选取样本。定性研究总的指导方针是持续采访直到理论上的饱和状态为止（Glaser and Strauss，1967），即每个新的被访者已不能为你提供任何新的信息。

在我们20世纪90年代末的采访中，我们觉得很快就要达到饱和点了，因为大多数的俄罗斯受访者都提供了相当类似的故事。10年后，现实的障碍限制了受访者的数量。我们听到了更多不同的故事，尽管某种趋势是可识别的。一般采访大约持续一个小时，有一些达数小时。访谈是半结构式的和开放式的。访谈的目标是尽可能得到受访者的亲身经历，而且易于理解（要明白这种目标的局限性），来取代仅靠收集而来的资料。因此，我们鼓励受访者在自己感兴趣的话题上畅所欲言。我和我的同伴都会说俄语，因此所有的采访活动都不需要翻译参与其中[②]。

此外，我增加了（部分参与）一些我在挪威海岸警卫队和挪威—俄罗斯联合渔业委员会及其常设委员会的参与观察资料。从1988年至1993年，我在挪威海岸警卫队从事俄语翻译和渔业督查工作，这个经历使我具备了巴伦支海渔业的"文化能力"（Neumann，2008）[③]。在第五章中，关于挪威渔业督察员和俄罗斯渔民之间冲突的内容大部分是建立在我受雇期间的参与观察上[④]。离开海岸警卫队之后，作为挪威渔业部门翻译人员，我继续工作到2000年。我定期参加联合委员会常务委员会会议以及挪威—俄罗斯渔政督察员的联合研讨会，偶尔也参加联合委员会的会议。2006年我应邀为联合委员会成立30周年撰写纪念文章，并作为挪威代表团（非参与的）观察员参加了委员会会议。在这些场合的参与观察，除了挪威代表团内部会议，我可以自由利用我的观察内容。根据我的参与观察，用我最好的判断来选择报告的内容，对那些没有发生或者不可能

[①] 这个数字包括了在这期间我其他的研究项目和这本书相关咨询的访谈，特别是在挪威–俄罗斯渔业联合委员会成立30周年纪念日出版的采访中进行的采访（Hønneland，2006），以及我和来自Bodø大学的Bente Aasjord一起进行的有关俄罗斯渔业科学知识辩论会上的采访（Aasjord and Hønneland，2008）。在此之前，我曾为一本关于俄罗斯渔业管理的专著定期采访俄罗斯公务员（Hønneland，2004）。

[②] 我们在采访中没有使用录音机，但尽可能详细地记录下他们所说的内容，并在采访后立即对照我们的笔记。赞成和反对使用录音机的理由，见Rubin and Rubin（2005，第110–112页）。在俄罗斯政治和社会学的学生中有不使用录音机的明确传统，以免对受访者造成心理压力和恐慌；例如，见Ries（1997，第6页）。

[③] 一开始我是作为翻译人员参加这项工作，见证了渔业检查工作。后来我成了一名渔业督察，并在雇佣期的最后两年，我可以独立进行检查。

[④] 从那时起，我就开始依赖自己的报告，因为每次出海归来都要向上级汇报。

发生的事我不会写在报告中，这是参考媒体或其他公开出版物的一般指导原则。最后，我使用联合委员会及其常设委员会会议的协议，以及来自挪威和俄罗斯媒体的文章①。

在研究上述的问题中，我主要使用我自己的观察，结合文字资料，描述在俄罗斯遵守谈判中挪威的努力。我也部分采用观察和文本分析的方法来描述俄罗斯对这些努力的反应，这些主要是根据我的访谈信息来分析。所有这些在方法论上都相当简单明确，但必须注意确保深入详细地说明，并避免毫无来由的推而广之。更有争议的是，讨论一些为什么参与者确实遵守的可能性问题。我可以报道俄罗斯渔船船长在我采访时他们所说的内容，但确实不知道就遵守问题作出决定时，他们的大脑是怎么想的。我能够在与挪威的国家渔业关系中描述俄罗斯的政治作为，但我不能准确地说明为什么会做出了这种特殊的选择。可以毫无保留地说，我无法证明挪威人的谈判努力和俄罗斯人的反应之间的因果关系。重点批评参与者动机倾向来自于社会学的叙事转向（narrative turn）（Gubrium and Holstein, 2009）和其他社会科学，包括国际关系学（Ringmar, 1996）。既然我们不明白参与者的真实动机是什么，相反，我们应该致力于弄清他们如何构架他们的观点以及如何影响其他参与者可用的政治选择②。我不要求了解我的受访者的真实经历或动机，这本书并不打算作这样的叙述分析③。仔细阅读访谈得来的材料，你会明白他们的声音反映出受访群体中的主流认识，或者是他们希望采访者听到的，而不是他们的"真实经历"④。我遵循文献传统来处理人们如何言说他们的行为和观念等相关问题。我们从来不知道个体的真实动机，他们所说的是我们能够获得的最好的内容。更一般的解释是，我是按照

---

① 我选择了一个"中等水平"的参考文体。因为我的首要目标不是像一个历史或法律文本的记录，——我的目标更多的是讨论理论领域——我不为每一个发生的事件提供具体来源。然而，我标出了直接引用的资料——当然所有的事实都来自于二手资料。除此之外，我要说明的是，在本书不同部分中使用了主要资料来源，如观察、访谈或者协议均来自于联合委员会。该协议是在挪威和俄罗斯出版；英文版是我翻译的。每章注释中标出了主要资料来源，但在参考文献目录中没有列出。

② 参考 Krebs and Jackson（2007，第42页）"我们不能直接观察到别人是怎么想的，但是我们可以观察到他们说什么和他们如何应对要求和反要求。在我们看来，参与者是否相信他们所说的一切没有什么关系，不管他们的动机是愚钝的物质利益或真诚的承诺。重要的是，他们在言语上被推到一个角落，陷入了公开支持的魔咒中，而实际上他们可以支持也可以不支持。"杰克逊（Jackson, 2010）做了更深入的讨论。

③ 然后，我很熟悉叙事分析，也倾向于这种分析。我调查了科拉半岛居民的叙事实践以及这些实践在此地外交政策行动的回旋余地（Hønneland, 2010）。

④ 叙事分析的主要要求是，人们在讲故事时，是利用一个有限叙事材料库。这些资料随着时间和空间而变化，这不仅反映了他们是谁，而且这些资料还使他们成为谁（Somers, 1994；Gergen, 2001）。同样，文献上的定性访谈是有一系列解释受访者如何回答问题的指导方针。例如，Rubin 和 Rubin（1995）指出，通过采访者和被采访者之间传递的信息：记事、故事、神话、叙述、幌子和主题。我将在第五章中解释这些概念。

推论的定性研究标准，从彼此相关但不同来源的文本、访谈和观察报告中获得信息和资料。

此外，理论与方法论方面，还有一个决定一国外交政策的"大问题"。自从1971年艾莉森（Graham T. Allison）的经典作品《古巴导弹危机》（1999年再版，署名为"Allison and Zelikow"）出版后，在外交政策分析中，国内政治的运作过程应得到重视①。在我的研究中，很容易将俄罗斯遵守挪威的要求归咎于挪威的谈判努力。无论与这些努力是否相关，俄罗斯的外交政策可以解释为俄罗斯评估其最佳利益和相应行为的结果，或者是更多政治谈判的"意外"结果，或者是俄罗斯管理体制决策过程的结果。原则上，挪威人的谈判努力会对俄罗斯在评估国家层面上的利益平衡时产生影响，对俄罗斯特定群体维护自身利益产生影响，甚至对俄罗斯官僚体制的决策过程也产生影响。虽然这本书主要涉及遵守文献而不是更宽泛的外交政策传统，但我们也将探讨这些不同的解释。在方法论上，我采用相当务实的方法（用不同的方法和不同的理论），这种方法经常运用在国内政治和国际体系中国家行为的交界面的文献中，比如执行研究的相关文献中（Underdal，2000），就能看到这种方法的运用。

五、本书的主要内容

在第一章导言中介绍了遵守理论及其相关的实证研究，在接下来的两章中我将进一步展开详细论述。第二章是文献综述，让读者更多地了解遵守、公共池塘资源的管理、渔业遵守以及国家对国际承诺的遵守等文献资料的观点。在研究各种文献资料相似观点的同时，我也表明了其在本质上的差异和科学追求上的不同。第三章概述了巴伦支海的鱼类资源和管辖权，和该地区双边渔业管理的总体特征，以及挪威和俄罗斯的国家渔业管理政策。第四章和第五章继续描述和分析挪威人的谈判努力和俄罗斯在国家和个人层面上对此的反应。自从苏联解体以来，我将相关事件按时间顺序排列，第四章从挪威指控俄罗斯在20世纪90年代的过度捕捞开始，然后在90年代末挪威进一步通过各种尝试说服俄罗斯协调技术法规和联合推出新措施，大约在世纪之交根据科学建议获得国家捕捞配额，到21世纪前10年中期，减少过度捕捞和限制引进新的评估鱼类资源方法。然后在第五章重点讨论整个时期挪威海岸警卫队如何试图说服俄罗

---

① 简言之，Allison 和 Zelikow（1999）认为，研究人员在分析国家的外交政策时，除了将国家作为"理性决策者"外，还应该将其看作是国家官僚程序的结果以及国内各利益集团（或个人）之间谈判的结果。

斯渔民遵守行为规范及其如何被俄罗斯方面所认知。第六章是对研究结果的总结,分析了与我的理论出发点有关的内容。最重要的是,我想从我的实证研究中探寻:从协议签订后的讨价还价以及国家与个人层面上的遵守的研究中,是否可以得出一些共同的经验教训。

第二章　公共池塘资源管理与
遵守国际承诺

　　一方面，这项研究集中关注的是狭义上的问题；另一方面，这项研究集中关注的又是广义上的问题。从经验意义上说，我只是用了一个案例研究；但在讨论中则包括了国家层面和个体层面的实践活动。至于理论方面，我利用了好几个具有明显不同特点领域中的文献，因此它们之间互通的程度有限。本章对这些不同的理论传统进行了概述，包括（个体）遵守的一般研究、公共池塘资源管理研究、（个体）在渔业方面遵守的文献、国家遵守国际法的方法以及（国家层面上）协议签订后的讨价还价等。就像我们即将看到的那样，这些不同领域的文献具有许多相似的地方。

一、关于遵守的研究

　　遵守和法律的执行主要是经济学、犯罪学、心理学和社会学等领域研究的内容。[①] 在经济学文献中，最早见诸于亚当·斯密（Adam Smith）的作品中（1759，1776）。斯密指出，个体在追求自我利益时可能对其他人造成损害，因此必须以某种方式对其行为进行限制。他还将犯罪与经济情况结合在一起进行讨论，并断言说，当个体合法收入的机会缺乏时，他们最有可能诉诸于犯罪活动。附和斯密的观点，杰里米·边沁（Jeremy Bentham，1789）认为，犯罪行为在经济上来说是合乎理性的，因此有必要对犯罪进行威慑。20 世纪早期，人们进行了大量的探究，尝试将犯罪与经济情况连接到一起（参见 Bonger，1916）。大多数此类研究结果表明，工人阶级经济情况的变化以及不同阶级之间财富的不均，与犯罪水平的高低相关联。20 世纪 60 年代末期，有人发展出了一个解释犯罪活动的正式理论框架。与斯密和边沁的观点一致，格雷·贝克（Gary Becker，1968）认为，在试图使个人效用最大化的时候，罪犯的行为与所有其他人一样。按照这一模型的解释，如果进行犯罪的预期效用大于从事合法活动的效用，个体就会犯罪。贝克在这方面的贡献激发了一系列有关经济犯罪的研究

---

　　① 这一节的第一段以库珀兰和苏惕能（Kuperan and Sutinen，1998）的作品为基础。

（例如，参见 Pyle 的相关概述，1983）。

与此相对照，由于以涂尔干的观点为基础，即法律乃集体道德之表达形式、惩罚的基本功能是恢复受到违反者挑战的规范秩序，因此心理学和社会学中的研究，则强调在所引出的遵守行为中社会化、道德和合法性的重要性。执行的象征性得以强调；也就是说，执行的影响超越威慑。例如，格雷和索尔茨（Gray and Scholz，1993）发现，执行不仅没有（或者说不必定）导致违反行为的减少，而且导致人们对执行寻求解决问题的更大关注。在对商业公司遵守的研究中，卡根和索尔茨（Kagan and Scholz，1984）声称，在这一商业部门中，人们对不遵守行为普遍持有三种看法：一是把商业公司看作是与道德无关的精于算计者，因为不遵守行为乃是源于商业算计；二是把商业公司看作是政治公民，因为至少有一些不遵守行为是源于这样的事实，即主体认为规则或命令过于武断或不合理；三是把商业公司看作是组织上缺乏竞争力的实体，因为经理人员没有对遵守行为坚持高水平的要求，这要归咎于制度缺失。如果被规范的商业公司被看作是与道德无关的精于算计者，那么规范机构就应强调对所有公司进行敢作敢为的检查，并对所有违反行为立即予以法律上的严惩。目标是进行威慑，而检查者则充当要求严格的警察角色。另一方面，如果公司被看作是政治公民，那么检查者就应更多地充当政治家的角色，说服人们相信争论中的规则的合理性："但是他也应该愿意终止执行、愿意妥协、愿意寻求对规则进行修正。简而言之，他应该对'公民'的抱怨做出回应、修改法律以使之适应因严格执行而产生的合法商业问题（Kagan and Scholz，1984，第 68 页）"。最后，如果由于组织上的失败而使得商业公司被认为缺乏竞争力、容易违反规则，那么检查者就应当充当咨询者的角色，目的是发现组织内存在的知识上的差距，教育员工以使之改善局面。

奥兰．R．扬（Oran R. Young）是为数不多的这样一位作者，他将个体遵守与国家遵守这两种视角结合一起来进行讨论。早在 1979 年，他就出版了一部有关这两个层次上遵守问题的（基本上是理论性的）专题论文集，结果他把工具性视角和规范性视角这两个方面结合到了一起。在这部作品中，扬（Oran R. Young，1979，第 2-6 页）将遵守（compliance）定义为这样的主体行为，即符合特定遵守体系内行为规定（behavioural prescriptions）要求的行为。行为规定指"任何被明确阐明的行为（包括禁止行为）标准，人们预期某一特定主体团体的成员在合适的情况下从事这些行为（Oran R. Young，1979，第 2 页）"。换言之，行为规定指的是为某些行为举动提供准则的规则。遵守体系是被设计出

16

来的一套行为规定，其目的是通过一以贯之的方式对相互依存的一群人的行为进行规范。进而言之，行为体系的主体是需要最终选择是否遵守任何特定规定的单元。就此而论，"主体"（subject）指的是这样一种实体，它拥有关于世界上可替代国家的偏好并且能够参与到选择行为之中。以这种或那种方式影响这些偏好的因素被称之为"遵守基础"。

奥兰.R.扬（Oran R. Young, 1979, 第18-25页）提出了六种这样的遵守基础。第一，存在自利性。如果主体只要得出结论认为遵守行为的预期价值超过违反行为，那么即便没有外力影响，遵守也可以作为偏好的选择而出现。第二，执行涉及当局明显试图对主体的成本-收益算计进行控制，途径主要是通过威胁在发现违反行为的情况下进行制裁。第三，诱因带来的结果，是试图提高遵守行为的预期价值，而不是试图降低违反行为的预期价值。第四，主体行为的塑造可能源于其他外部行为体，而非政府当局；这通常涉及某种奖励。第五，行为可能受到（在各种各样的程度上由外部诱发的）义务感的影响。第六，主体有关遵守与违反的决定经常受到下意识或无意识关心事情的影响；这里的术语"习惯"（habit）或"习惯做法"（practice），指的是频繁重复过程中学到的行为模式。最后，奥兰.R.扬意识到，个体几乎不会独立于其他人的行为而做出决定。然而，奥兰.R.扬坚持认为，他人的行为对此——即每种其他的遵守基础如何影响主体的选择环境——产生了影响，而不是把个体几乎不会独立于其他人的行为而做出决定的情形单列出来作为遵守基础。

二、公共池塘资源研究中的两大传统

公共池塘资源可理解为一种自然（或者在某些例子中的人造）资源，这种资源的量非常大，从而使得将用户排除在获得可消耗资源单位之外的成本高昂。因此，用来定义公共池塘资源的两个标准：一是达到对资源进行物理上的排他性所需成本；二是可消耗资源单位的存在（Gardner et al., 1990）。第二个标准带来的必要问题是，一位用户获得资源单位情况的发生，是以其他潜在用户为代价的。例如，渔场和牧场即属这种情况，但天气预报或交通信号灯却不属这种情况。公共池塘资源显然不同于公共产品公益，因为公共产品公益的可消耗性程度更高；且公共池塘资源不同于私有产品，因为公共产品的排他性程度更难（Ostrom et al., 1994）。公共资源的利用和管理引起了许多人的兴趣，包括经济学家、政治学家、社会学家和人类学家。焦点问题是如何对社会环境进行组织，以使资源能够得到最好的持续恢复。加勒特·哈丁（1968）提出的办法是

"互相强制、互相协定"。共同财产引起复杂的集体困境这一想法并不新鲜。亚里士多德在两千多年前就意识到了这一点，他评论道，"人数最多者所拥有的共同财产，其所受到的关心最少。所有人主要想到的是自己的利益，几乎根本不会想到共同利益。"（引自 Ostrom，1990，第 2 页）霍布斯关于人处于自然状态之中的比喻，是公地悲剧的原型：人们寻求自己的私益，由于资源稀缺而以相互战斗结束。要避免这种人人为战的状态，唯有通过社会契约来实现。按照契约，个人授权给主权者，同意尊重对个体相互之间关系进行法律约束、同意尊重主权者实施这些约束的权利。[①] 在现代——比哈丁还要早 10 多年，斯科特·戈登（Scott Gordon，1954）在另一篇经典文章《共同财产资源经济理论：渔场》（*The Economic Theory of a Common - Property Resource：The Fishery*）中表达了类似的逻辑。他在文章中认为，在开放获取（open - access）的渔场，每个人的理性行为是在他人占取之前抓捕尽量多的鱼。结果是就劳动和资本而言增加了捕鱼所付出的努力，是生产成本超过租金或收入的局面。这一观点再次表明，当资源为共同财产时，总是会导致资源损耗。

哈丁的模型经常正式表达为囚徒困境博弈（例如，参见 Dawes，1975）。在此类博弈中，并不存在博弈者之间的沟通交流；博弈者掌握由各种后果所带来赏罚的完全信息，无论其他博弈者做出什么选择，每个博弈者选择背叛总是对自己更有利。有关难以使个体追求他们共同福利的相关观点，在曼库尔·奥尔森（Mancur Olson，1965）所著的《集体行动的逻辑》（*The Logic of Collective Action*）一书中得到了发展。奥尔森的观点基本上以这样一种假定为基础，即某种公益一旦形成，个体就不能够被排除在享有这种公共产品的利益之外，而这将使得个体几乎没有什么动力来自愿为提供这一公共产品做出贡献。（与哈丁不同，奥尔森认为，集体利益是否最终实现是一个待决的问题。）奥尔森被认为是公共选择理论的一位大师。由于使用的是最初从制度经济学中发展出来的概念，因此公共选择的理论家们主要将自然资源管理看作是耗费最少的选择决定（Sproule - Jones，1982）。这些理论家为详细阐明基于国家所有权与私人所有权的模型进行了具体努力。

批评者认为，虽然公共选择理论对自然资源管理的吸引力，在于其能以全面的方式抓住真实生活中问题的重要方面，但其危险是，为了分析目的而进行

---

① 虽然像洛克这样的自由主义哲学家对共同财产有着类似的"怀疑"态度，但却认为个人可以集体同意尊重相互的权利，而用不着依赖外部的集权。

的限定约束被看作是理论推定所必需的，或者甚至看作是经验上的事实。大多数对这些模型进行批评的文献，都集中于试图证明这些假设和对策在经验上是错误的。对此进行批评的研究尤其指出，悲剧在资源共同使用的情况下并非是必定的结果。许许多多成功的公共池塘资源管理体系（例如，参见 Baland and Platteau，1996；Berkes，1989；Bromley，1992；McCay and Acheson，1987；Ostrom，1990；Ostrom et al.，1994；Pinkerton，1989）已被记载下来。奥斯特罗姆（Ostrom，1990）提出了一套标准，这套标准应该满足建立可持续管理体系的有利条件。此外，这些标准还规定，参与使用资源者的人数应受限制、利用规则至少部分应由用户本身来设计、规则监督应由对用户群负责的人来执行、制裁应采用分级惩罚制（graduated punishment）的形式——这意味着唯有严重和反复进行的违反活动才应受到严厉制裁。

在人类学领域，非正式规则体系的运行在渔场研究中占主导地位。此类研究通常认为，如果没有国家当局的干预，小社会（small communities）在追求对公地进行规范时的情况较好。人们认为，在许多例子中，传统知识、地方性承诺和社会规范对成功的管理是充分的。阿克塞罗尔德（Axelrod）在 1984 年（2006 年再次发行）表明，博弈理论是如何能够解释具有冲突性利益的个体是怎样发展出合作模型的，尽管没有外部权威的干预。在对具有囚徒困境博弈奖励矩阵（the reward matrix of a prisoner's dilemma game）的反复博弈研究中，以牙还牙（tit-for-tat）战略占支配地位，因为参加者开始都愿意合作，而只有对手先背叛时自己才会背叛。以类似于以牙还牙方法为基础的制裁机制为基础，自发发展起来的规则体系经常发挥作用。例如，当有渔民进入别的渔民认为是"他们的"捕鱼区时，他们会剪断那些渔民的捕鱼工具。艾奇逊（Acheson，1975）对缅因州外海龙虾产业的研究，是这方面的典型例子。像奥斯特罗姆等（1994）以及巴兰德和普雷托（Baland and Platteau，1996）进行的此类研究，将博弈理论与田野研究结合在一起，以求显示公地悲剧的视角，是多么难以解释许多真实生活中的情形。

最后，自 20 世纪 80 年代中期以来（尤其参见 Jentoft，1985，1989，2005；Jentoft and McCay，1995；Jentoft et al.，2009；McCay and Acheson，1987；McCay and Jentoft，1996；Pinkerton，1989；Sen and Nielsen，1996；Wilson et al.，2003）有关渔业管理的社会科学研究中，文献共同管理（见第一章）一直是相关知识技艺的主要竞争场所。就像"自我管理"代表们的观点一样（例如 Ostrom），主张共同管理的理论家认为，创立规则体系而不用求助于威吓是可能的，并且威吓被看作是为确保遵守并因而避免公地悲剧的唯一（甚或最）可行的机制。出于各种原因，他们接受某种程度的国家参与，例如，可以采用经中央政府授权、对管理政策全面负责的形式。然而，他们认为，如果用户群被允许影响规则及管理程序的设计，那么成功规则体系的前景就会大大改善。这能够带来具体功能领域或地理区域范围内用户群的代表权，用户群在规则制定机构中拥有代表，或者政府当局接受传统的规则机制——这些机制的基础是使用公地的共同体内部社会规范。

三、渔业中的遵守

由于乔恩.G.苏惕能（Jon G. Sutinen）的作品（例如参见 King and Sutinen，2010；Kuperan and Sutinen，1998；Sutinen and Andersen，1985；Sutinen and Kuperan，1999；Sutinen et al.，1990），遵守在渔业管理文献中变成了一个明确的议题。[1] 虽然在更早的渔业经济学中遵守是一个固有议题，就像（如上）戈登的作品（1954）。但苏惕能将渔民倾向于遵守法律的实证研究推向最前列。进而言之，他在利用有关威慑经典文献的同时，也将规范性议题引入他的理论框架之中，而且他在最近的一篇论文中称之为"内容得到丰富的遵守理论"（King and Sutinen，2010）。这一理论将个体的个人道德、对规则和程序公平性的看法、来自同辈的压力、外加威慑等都考虑在内。虽然在不同案例里这些因素中的每个因素影响程度不一，但是人们认为，"在多数渔业规范的影响下，导致最多渔民遵守捕鱼限制，即便不这样做的时候会有潜在的经济收益"（King and Sutinen，2010，第8页）。

苏惕能的作品影响了大多数随后对渔业遵守进行的分析。第一，经济学家们已在正式的经济模型中进行了正式阐述（Hatcher and Gordon，2005；Hatcher et al.，2000；Nøstbakken，2008）。第二，以苏惕能的作品为基础，科学家和实际工作者已发展出渔业遵守更精致的研究方法。兰多尔（Randall，2004，第293页）坚持认为，以下影响渔民行为的决定因素应该加以考虑：工具性影响——经济产出与执行的有效性，规范性影响——管理机制的合法性与结果的公平性，以及社会性影响——他人行为与个人道德。尼尔森（Nielsen，2003，第431页）对包括以下要素的一个模型概述为：产业结构、控制与执行以及内部责任（包

---

① 诚然，扬（1979）虽有一章是有关渔业遵守的，而且使用了类似苏惕能的理论方法，但他的讨论主要关注国家遵守国际渔业协议，而非个人遵守。

括程序和结果的合法性、社会和个人规范）。我自己发展出一个阐述强制性和推导性遵守机制的模型，这样政府当局可以将这些机制应用于劝导渔业遵守，包括在各种次级（研究、规则和控制）遵守体系中的执行（威吓措施）和影响渔民习惯的尝试、责任感或定罪（推导措施）等（Hønneland，1999a）。最后，依据上述这些研究贡献为基础的理论框架，已推动在渔业中遵守案例的研究，包括在美国（King and Sutinen，2010；King et al.，2009；Randall，2004）、英国（Hatcher and Gordon，2005；Hatcher et al.，2000）、加拿大（Gezelius，2003，2004）、澳大利亚（Bose and Crees-Morris，2009）、南非（Hauck，2008；Hauck and Kroese，2006）、印度尼西亚（Crawford et al.，2004）、丹麦（Nielsen and Mathiesen，2003）、挪威（Gezelius，2002，2003，2004，2006）、瑞典（Eggert and Ellegård，2003）以及挪威/俄罗斯巴伦支海（Hønneland，1998，1999b，1999c，2000a，2000b）等地。就像金（King）和苏惕能（2010）在其作品中所显示的那样，它们的共同主题是，一些可观察到的渔民间的遵守，至少可以用规范性因素——也就是说，是影响而非威慑——来进行解释。

斯提格. S. 格则琉斯（Stig S. Gezelius）有关规范、执行与遵守之间关系的作品特别值得提及。他坚持认为，在渔业遵守研究中，理论发展几乎不见，相关研究仅仅集中关注各种因素对渔民选择的影响程度，而有关不同因素如何，以及在什么情况下影响其选择则缺乏深入研究（Gezelius，2002，第306页）。从他在挪威和加拿大渔民社区进行的人种志学研究中，格则琉斯的一个发现是，除正式的执行外，社会控制是渔业中的一大威慑因素。被其他渔民认为贪婪乃是特别违规之举，因而会导致社会制裁；而那些为保证生计令人满意的违规之举，其所能被忍受的程度则大得多。然而他发现，对非正式的社会控制来说，正式的执行是必要的；唯有对违规行为进行正式执行时（Gezelius，2003，2004，2007），违规者才会受到非正式制裁。关于理论，他要求人们对他所称之为涂尔干式的执行机制（the Durkheimian enforcement mechanism）进行更多关注，因为其强调的是执行的象征性意义（就像正式执行对社会控制的影响一样）。这种机制与霍布斯式和哈贝马斯式机制（the Hobbesian and Habermasian mechanisms）相反，因为后二者分别强调威慑和理性沟通（Gezelius，2007）。进而言之，从他所进行的田野研究中，格则琉斯注意到，合法性如何决定遵守以及在挪威与加拿大之间存在的差异。在挪威，法律的持久性是在于其自身作为社会规范；它形成了渔民不进行欺诈的集体形象的组成部分。在加拿大，由于纽芬兰的渔业社区规模小，立法者缺乏此种权威。渔民将法律看作是道德之仆，而非道德之源。

唯有在规则明白无误地是针对鱼群恢复的情况下，而不是因为这些规则是"法律"，他们发现遵守规则才是合理的（Gezelius，2003，2004，2007）。在规范与经济收益前景之间的关系问题上，格则琉斯指出：

> 社会规范与社会控制部分消除了预期利益与违法可能性之间的联系。……然而，以一种以战略为导向和以目标为导向的方式，行为体可能注意并利用道德规范。换言之，极端笨拙的遵奉者模型，就像零碎的、效用最大化的机会主义模型一样不足。……强调……渔民的战略适应和道德思想是一种深深植根于人们心中的归属感，它几乎不能仅仅归因于理智（Gezelius，2002，第313页）。

四、国家遵守国际条约的方法

国际关系理论中的现实主义者假定认为，国家乃单一的行为体，因此其行为主要是使自我利益最大化。军事权力和经济权力被看作是国际政治中的决定因素。就像在本书第一章中所指出的那样，现实主义者并未将国家遵守国际义务看作是一个特别有趣的议题。一方面，国家被假定为一般性地遵守这样的义务。这种观点认为：第一，国家唯有在政府得出条约符合其利益的结论时，才会接受这些条约；第二，因此，国家一般性地遵守条约；第三，当他们不这样认为时，制裁既用于惩罚冒犯者，又用于威慑其他国家违规（Jacobson and Weiss，1995）。在常常为人所引用的著名现实主义者汉斯·摩根索（Hans Morgenthau，1948，第229页）的话中，"所有国家基本上都遵守绝大部分国际法规。"[①] 从本质上说，人们所观察到的遵守仅仅反映了以下的三种情形之一：其一，霸权国迫使或诱使更弱的国家遵守；其二，条约仅仅是对各方现有行为的规制化；其三，条约解决协调中的博弈，因为一旦稳定的均衡得以建立，就没有哪一方有违反规则的动机（Mitchell，1994a）。

在布格斯托勒（Burgstaller，2005）遵守国际法的理论类型学中，他区分了现实主义、制度主义和规范主义三种方法；并且他回过头来又将现实主义理论分为三个组别。进攻性现实主义者（Mearsheimer，2001）将冲突看作是国际体系无政府状态的结果，而非人性本身的结果。而像摩根索这样的古典现实主义者则正是这样认为的。由于安全稀缺，国家试图通过使自己的相对优势最大化来获得安全。当遵守国际义务被认为有利于其利益，有利于其相对实力和所考虑

---

① 经常被引用的也有亨靳（Henkin，1968，第4页）的内容："几乎所有国家都遵守几乎所有的国家法原则，并且几乎在所有时间都遵守几乎所有义务。"

的外部环境时，他们就这样做。相反，防御性现实主义者认为，国际无政府状态要更仁慈。由于安全不是稀缺而是充盈，因此国家在追求相对优势的时候，比进攻性现实主义所假定的通常要更能够轻松（例如，参见 Walt，1998）。相应地，在有些情形下遵守国际条约的情况会出现，即便孤立地看这并不符合所涉国家的严格军事或经济利益。最后，新古典现实主义者也坚持认为，国家从根本上说寻求对外部环境的塑造；然而，他们认为，国际无政府状态既非霍布斯式的，也非仁慈的，而是非常模糊和难以辨别清楚的；并且承认，一国的外交政策同时受到国际国内需求的制约。很难弄清楚一国的安全是充足还是稀缺，必须根据其活动来解释其环境（Burgstaller，2005，第 98 - 99 页）。按照温特（Wendt，1992，第 391 页）的名言来说，"无政府状态是国家造成的"。

制度主义者认为，虽然大多数国家大多数时间遵守大多数条约规则可能没错，但这并不是因为通过执行来反对不遵守者所导致的结果。查伊斯和查伊斯（Chayes and Chayes，1991）通过对 100 多项条约进行评估发现，条约的措辞从未保证进行正式的惩罚性制裁。由于对成员的制裁经常没有包括在条约中，因此这种制裁几乎从未引起强行遵守。"总之，制裁权威很少由条约赋予，赋予也很少使用，使用也可能无效。"（Chayes and Chayes，1995，第 32 - 33 页）[1]

制度主义者反对现实主义者的观点，即不遵守的情况唯有（甚或基本上）因为这样做符合某个具体国家利益时才会出现。相反，制度主义者把遵守看作是有意使得利益最大化的结果，因为他们认为，许多不遵守的例子是由所涉机制的制度不完美所致，如条约语言的模糊和不确定性，以及各方实施这些义务的能力限制（Chayes and Chayes，1991，1995）。有个著名的例子，是米切尔（Mitchell，1994a，1994b）对控制海上国际油污染机制的研究。这一机制由两个不同的次级机制组成。一个次级机制禁止超过规定排出油污；另一个次级机制要求安装降低污染的昂贵机舱油罐（board tanker）设备。尽管这涉及油罐操作管理的高昂费用，但却证明是更容易保证对设备次级机制的遵守。米切尔解释了这两个次级机制的不同制度特点差异。与排放次级机制比较，设备次级机制展现出更高的透明性，提供了更有力可信的制裁，并通过在现有基础设施上建造设备而降低实施费用。

进而言之，制度主义者认为，官僚决策过程经常更喜欢遵守胜过不遵守。在国家的官僚系统中，在决定遵守条约时经济被视为一个标准运作程序问题，

---

[1] 10 年或 5 年后，这可能不是有效的结论。

而非权衡遵守问题出现时的成本与收益。收集信息和保证机构间的一致是耗费高昂的活动，因此只有在相对重要的问题上才能这样做（Chayes and Chayes, 1991）。按照制度主义者的观点，以类似的方式持续尝试劝说和辩护，有利于使遵守成为自然选择的行为："在可接受的水平上维持遵守条约的根本工具，是各方、条约组织以及更大范围的公众之间话语的重复过程"（Chayes and Chayes, 1995，第25页）。

为了提高对条约的遵守，制度主义者推荐机制或条约运作中的透明性、争端解决机制以及对有实际遵守问题的国家的技术和财政帮助（Chayes and Chayes, 1991；Mitchell, 1994a, 1994b；Weiss and Jacobson, 1998）。就各方针对条约表现的信息是可获取的意义而言，透明性可以以各种各样的方式对遵守做出贡献。透明性使某一方确信其他方都遵守了，并为使得脱离条约规范的一方感到窘迫和羞愧提供了基础。例如，在其他方声称某一方没有遵守时，争端解决可以确定该方是否遵守了。条约包含了含糊不清的地方，因此不可预见的情况可能出现。按照制度主义者的观点，通过有效的管理争端过程，遵守能够得到改善，这不仅在解决成员间争议时是如此，而且在解决对问题的诠释和使条约规范适应情形变化时也是如此。最后，在有些例子中，对某些国家的技术和财政帮助，对于改善某项条约的遵守来说是必要的。本质上而言，"明显不遵守的例子是当作有待解决的问题来处理，而非当作是需要惩罚的错误来处理。总体上说，这种方法的特点是口头性的、互动性的，以及共识性的"（Chayes and Chayes, 1995，第109页）。

虽然有关遵守的规范理论也假定国家一般服从国际法，但是这可归因于国家的伦理道德义务，它们是源于自然法和正义的考虑（Burgstaller, 2005，第101页）。由于国家内在的规范性质，人们相信规范会影响国家的行为；规范本身有某些基于其起源、内容和实践中运作的特性，因此使之得到国家的严肃对待（Burgstaller, 2005，第101页）。例如，弗兰克（Franck, 1990）在《国家间合法权力》（*The Power of Legitimacy among Nations*）中认为，国家遵守国际法主要是遵从具体规则的"遵守拖拉效果"（compliance pull）或合法性。反过来，合法性则依靠该规则的确定性（规则传达清晰信息的能力）、该规则在社会中的象征性确认（文化信号被用来作为引出遵守信号的程度）、该规则与强调其他规则原则的一致性，以及该规则坚持的规范性等级——它出自某一最终的体系确认规则。在规范性与工具性方法之间徘徊的理论家，他们虽然认为规范决定遵守，但这是通过制度实践来修改的。例如，科赫（Koh, 1997）把国家遵守的习性，看作是国家如何规范性地或在跨国性散漫法律过程中受其他国家影响的结果。类似地，自由主义理论把规范看作是国家利益的基础部分，看作是决定国家外交政策——其中包括愿意遵守国际法——的诸多因素之一（Burgs taller，2005，第 102 页，第 165 页）。

五、协议签署后的讨价还价

在遵守辩论中，制度主义者的一个重要观点是，随着条约完成签署，谈判并未结束。就像我们所见到的那样，协议完成签署之后，争端能够得以解决、条约文本中的模糊之处能够得以阐明，并能通过谈判促使遵守。程序利用范围可能从简单的双边谈判到正式的仲裁，无论是由条约具体提供的还是在对需求做出反应中演变而来的。斯珀科特和扎特曼（Spector and Zartman，2003）用"协议签订后的谈判"这一术语，考察了谈判理论（negotiation theory）与机制理论（regime theory）的交集，以解释国际机制是如何在不断谈判的过程中演变的：

机制产生于谈判过程，而且机制在协议签订后的谈判过程中发生演变……如果条约是国际行为体用来解决双边麻烦问题的方法，条约签订后的谈判则是这样一个过程，也即使得这些机制保持至关重要性和充满活力，并随知识、问题、利益和期望发生变化而更新修改这些机制。

（Spector and Zartman，2003，第 4 页）

通过引入"协议签订后的讨价还价"（post – agreement bargaining）这一概念，约翰森和托尔伯格（Jönsson and Tallberg，1998）试图弥合在遵守文献与国际关系中讨价还价理论之间的鸿沟。由于把这一概念理解成一个条约（其中遵守上的讨价还价是子范畴的内容）签署后所有讨价还价过程的通用术语，因此他们认为遵守和讨价还价的传统概念必须考虑对这一广泛而基本被忽略的实践进行修改。虽然文献已将遵守看作是执行问题（现实主义或新古典主义理论）或管理问题（制度主义理论），但是讨价还价理论全神贯注于导致签署协议的过程。虽然遵守方面的文献集中关注协议签署后阶段成员国的行为，但却忽视像讨价还价这样的动态过程。另一方面，谈判理论虽然强调过程，但却没能够将这种关注扩展到协议签署后阶段。不可否认，虽然制度主义者（或者"管理学派"，这是一个作者用来与现实主义方法或新古典主义的"执行学派"相对照的术语）抓住了说服和重复的特点，但是：

尽管在管理学派的全面归纳中抓住了尽可能多的方方面面的内容，但是这些零零碎碎的东西根本不能代表接近于对现象的详细阐述。虽然管理学派触及对遵守上的讨价还价的解释（例如雄心勃勃的条约文本）、遵守讨价还价的过程（例如说服和重复），以及遵守上的讨价还价的影响（例如遵守的层次），但该学派却没有将这些观察结合到如此类现象的精致概念中（Jönsson and Tallberg，1998，第 375 页）。

回过头来，因其抽象程度，执行学派（enforcement school）忽视遵守上的讨价还价。遵守要求威胁和使用制裁的程度，比搭便车的预期利益更重要。对执行学派重要的东西是执行程度，而非使之执行的手段，"鉴于管理学派因其对国际条约遵守广泛而全面的归纳，从而抓住了协议签订后讨价还价的要素内容，执行学派因其演绎性的和高度简约的方法而忽视了那些同样的要素。"（Jönsson and Tallberg，1998，第 376 页）。

约翰森和托尔伯格（Jönsson and Tallberg，1998，第 378 页）提出了在研究协议签订后遵守上的讨价还价方面的三个基本问题：第一，遵守上的讨价还价本质是什么？第二，遵守上的讨价还价原因是什么？第三，遵守上的讨价还价影响是什么？他们将遵守上的讨价还价定义为"已签订协议的签署方之间的讨价还价过程，或者签署方与管理协议的国际制度——它属于该协议的条款和义务——之间讨价还价的过程"（第 372 页）。在有关遵守上的讨价还价本质的导言中（第 378 - 382 页），他们说明他们是刻意使用范围更广的"讨价还价"一词，而非范围更窄的术语"谈判"，因为他们要把更多非文字性的、间接的或隐性的交流包括进来，而不仅仅是通常与谈判联系在一起的面对面文字性交流。他们进一步认为（第 382 - 384 页），遵守上的讨价还价原因主要有两个：既定违反（established violations）和条约含糊。由于缺乏意愿和能力，国家可能违反其义务。签订协议形成了新的讨价还价局面，因为虽然合作和冲突元素的潜在结构依然完好无损，但具体前提依然可以改变。例如，由于不同国家在协议签订前阶段依靠其相对的讨价还价权利，不同国家的利益可能在协议中得到了不平等的反映。在协议签订后阶段，这些权利，或者说这些国家的利益可能发生变化。回过头来，条约含糊可能是非故意的或故意的。有时候，"不确定性的面纱"（veil of uncertainty）给对文本的不同阐释留下了空间，这是必要的，为的是在条约要签订时使得各方能够走到一起来。有关一国具体权利和义务的协议，则推迟到协议签订后阶段。

正如斯珀科特和扎特曼二人合著的书名（Spector and Zartman，2003）表明的那样，协议签订后的讨价还价完全是为了"把协议弄好"（getting it done）。遵守上的讨价还价则是为了"使协议得到遵守"（getting it complied with）。在理论层面，协议签订后的理论跨越不同学派的分界线（下文对此有更多讨论）。讨论的内容基本上不问"为什么要做"，而是问"如何做"；既鼓励实证研究，也推进理论上的相关性：如何做的问题可能也对为什么要做的问题具有启发。

六、实际主张与科学雄心之间的异同

在本章开篇即表明，我显然利用了不同的文献资料，因此，虽然这些文献之间的互通程度有限，然而它们之间却具有相似性。在此评论的这些视角中反复出现的一个特点，是它们对"遵守"的权力关注，但公共池塘资源管理可能是个例外。在此书的讨论中，遵守更加含蓄，而协调则处在更加前面的位置。渔业遵守方面的文献同时利用了关于个人遵守的一般文献和公共池塘资源管理方面的研究。同样，虽然协议签订后的讨价还价理论是国际关系有关国家遵守国际协议研究的次级理论，但其针对的也是与讨价还价理论进行沟通。显然，个人层面与国家层面的遵守文献几乎不存在互相参照。或许学科界限阻止了这样的沟通：政治学家集中关注的是国家对国际法的遵守（以及低层机构如何处理高层机构做出的决定，而这并非本书讨论的话题），而对个人遵守的研究则基本上留给了经济学家、犯罪学家、社会学家和人类学家。

在所有的文献种类里，存在正式（理性主义）文献与"丰富化"模型的文献（参见表2-1）。① 个人遵守法律的理论长期以来为这样的假定所主导，即唯有符合其经济利益，个人才会遵守法律——这是泰勒（2006）所称之为的工具性视角。自20世纪70年代以来，尤其是自20世纪90年代以来，这一视角已逐渐得到规范性遵守方法所补充，因为这种方法利用了社会学传统，并强调伦理和合法性在个人有关遵守决定中的作用。虽然渔业遵守也具有这一特点，但只是到了20世纪80年代中期规范性理论出现，这种研究才开始获得发展势头，尤其是在新千年之际。直到20世纪80年代后期自我管理和共同管理的视角——我

---

① 这一术语受到以下二者的启迪：韦伯（Werber）的正式模型概念，其特点是逻辑连贯性（参见韦伯等，1978）；以及金（King）和苏惕能（2010）的"丰富化遵守理论"概念，与韦伯的正式模型通常所做的相比，它开启了人类行为更加多样化解释的大门。

稍早时将其一起归类为"合作行为理论"（Hønneland，1999d）——出现之前，公共池塘资源的研究基本上都是哈丁式的理性主义工作。类似地，国家对国际条约的遵守一直用现实主义的术语来表达，直到制度主义和规范理论在20世纪90年代登上舞台，从而导致对国际关系中有关遵守问题的兴趣大增。自20世纪90年代后期以来，对协议签订后讨价还价有一些零星的研究成果，这些成果跨越了"正式"模型与"丰富化"模型之间的分歧。虽然这些研究贡献本质上是理性主义的，但其依靠的是制度主义的观点，即随着条约的签订谈判并未结束。与规定的"正式"模型相比，协议签订后的讨价还价同样开启了对遵守的各种各样的解释。基本上来说，这种视角对"如何做"的实证研究进行了规定，从而使得我们能够从理论上更好地理解"为何做"。

表2-1　遵守研究中的主要研究传统

研究领域	"正式"模型	"丰富化"模型
个人对法律的遵守 （包括在雨夜中的遵守）	工具性视角	规范性视角
公共池塘研究管理	理性主义方法	合作行为理论
国家对国际法的遵守 （包括协议签订后的讨价还价理论）	新古典现实主义理论 （执行学派）	制度和规范理论 （管理学派）

　　虽然在目前"丰富化"模型与"正式"模型的研究领域之间存在一些差异，但是总体趋势是类似的。现代有关"正式"遵守方法的经典直到20世纪60年代后期才出现：其中包括贝克（Becker，1968）对有关个人遵守威吓效果的研究，哈丁（Hardin，1968）对需要国家来威慑以避免公地悲剧的研究，戈登（Gordon，1954）对渔业经济学的研究，奥尔森（Olson，1965）对集体行为逻辑的研究，以及摩根索（Morgenthau，1948）对各级体系无政府状态的研究。作为在国际关系领域中的例外，虽然（新）现实主义继续占支配地位（尤其是在美国），但是"丰富化"模型从20世纪90年代以来基本上都被接纳过来了，原因是经济学诺贝尔奖在2009年授予了厄里诺尔·奥斯特罗姆。1990年，人们分别目睹了关于遵守问题的"丰富化"方法和公共池塘资源管理的两部现代经著作出版：泰勒（Tyler，2006）关于伦理和合法性对个人遵守法律所起作用的研究，以及奥斯特罗姆（Ostrom，1990）关于自我管理系统的研究。① 属于管理（制度

---

① 诚然，泰勒的影响不能真正与奥斯特罗姆相比。

主义）学派有关遵守研究的查伊斯和查伊斯经典著作于 1995 年出版，而米切尔的经典著作则在此前一年出版。[①] 尤其是在渔业遵守中，新千年之际以来这方面已经有了大量增加的研究成果。

虽然"正式"模型与"丰富化"模型之间的主要差异在于其不同的科学雄心上（见表 2 - 2），但是这也对它们的实际主张产生了后果。有关个人遵守的工具性理性主义实施方法、公共池塘资源管理方法，以及国家遵守国际法方法，都是程式化的模型，因为它们都将人的心理和社会动力的某些特点看作是理所当然的。工具主义者和理性主义者认为，由于人类为自利（基本上是短期的）所引导，因此，除非引入威吓或国家威慑，否则违法或公地悲剧将接踵而来。他们的学术贡献针对的是此类威慑的最优层次选择，而非对这些基本假设服从进行经验分析。类似地，国际关系中的现实主义者认为，国家由自利驱动，军事和经济权力的相对分配决定国家间关系中谁将获胜。这些基本假定还没有为进行讨论做好准备。虽然现实主义者也进行经验性研究，但是基本上是为了按照权力关系来解释世界政治。就像我们曾指出的那样，我们并不认为遵守是个特别有趣的分析主体，而仅仅是因为据信国家只有在遵守符合其利益时，才会签订协议。而在这些"正式"模型之间一般的相似之处，是由自利所驱动的单一、理性算计的行为体，以及必须接连发生（犯罪、公共池塘资源被毁、签订国际条约，以及随后进行遵守）的社会逻辑。他们之间还有个相似之处，就是在研究自利、威吓和权力如何在真实世界环境中展开时，在其学术雄心中画上了一条清晰的分界线，而却用不着质疑有关行为体的动机，以及由此导致的社会动力的基本假定。

相比之下，个人遵守的规范视角、公共池塘资源管理研究中的合作行为理论，以及国际关系中的制度主义和规范理论（管理学派），都鼓励进行范围更广的经验性焦点关注。在各种不同程度上，虽然他们都不完全拒绝"正式"模型的假定，[②] 但是他们希望看到对其进行经验上的验证。而他们的学术研究经常显示，行为体动机比"正式主义者"所假定的更为复杂，而且社会动机也更少程式化、更不可预测。如果自利和制裁是"正式"视角的关键词，那么合法性、

[①]　就像我们已看到的那样，由于对个人有关遵守——在他看来也具有国际的适用性——的各种各样基础的理论阐述，扬（1979）是这方面的先驱者。

[②]　奥斯特罗姆（1990）指向分级惩罚（graduated punishment）的积极影响，约翰森和托尔伯格（1998）指向那些"制裁阶梯"（sanction ladder），而米切尔（1994a，第 428 页）甚至指向那些"强有力和可信的制裁"。我们也想起格则琉斯（2007）把正式执行看作是朝着渔业遵守有效性的社会压力的必要条件。

规范、制度以及沟通等词则在"丰富化"模型中占有同样位置。在个人遵守的规范视角中，记录表明规范、合法性和伦理等，与经济自利相比，是更重要的遵守决定因素。合作行为理论已表明，当使用者享有公共池塘资源而不受国家干预时，悲剧并非是自动性的结果，原因经常是因为使用者感到有义务遵从其自身肩负责任的体系指导方针。研究渔业遵守的学者在解释渔民为何遵守法律时，强调合法性、伦理、习惯和社会压力的作用。国际关系中有关遵守的管理学派已表明，即便在明显不符合其物质利益的时候，国家也遵守国际义务，这些学派将此解释为制度机制、其他国家劝说或重复（由于遵守成为运作程序的标准，因此从一种情况外溢到另一种情况）所带来的后果。

表 2-2　"正式"和"丰富化"遵守模型的主要假定以及理论概念

	"正式"模型	"丰富化"模型
假定	由自利所驱动的单一、理性算计的行为体 必须接连发生的社会逻辑	行为体动机比"正式主义者"假定的更复杂 社会动力比"正式主义者"假定的更少程式化、更不可预测
科学雄心	按照预先限定的假定来解释变化 决定最优的威慑选择层次	对所有能够想到的解释进行经验检测（包括，但不限于那些"正式主义者"提出的解释）
主要理论概念	自利 威慑（包括制裁）	合法性 规范 制度设计 沟通

对于更喜欢"丰富化"模型学者的批评，"正式主义者"不倾向于将其看作是对他们所做的科学努力的根本性攻击。他们承认其模型仅仅只是模型而已，承认世界可以比这些假定展现出更加多样性的一面。就像布格斯托勒（Burgstaller，2005，第96页）所指出的那样，虽然现实主义包含有关国家动机的一般假定，但并不意味非常详细或在所有案例中都解释了其行为。类似地，布洛克斯（Brox，1990，第234页）断言，"已经表明，公共财产理论……是非常强大的分析工具。有关它的争议性主要源于把它误读为一种可证伪的假设，甚至是一种普遍'法则'，支持者和反对者都是如此。"在某种程度上，两个阵营各有自己不同的关注点。"正式主义者"更喜欢理论的连贯性，而传播"丰富化"模型的学者则更关心经验变化。协议签订后的讨价还价理论主张与两个阵营都有关联（虽然因其明显受到国际关系中的管理学派影响，而可以放在"丰富化"

模型的类别中，原因是它愿意对"正式"模型的基本假定进行检测）。它的目标不是要得到反对阵营一方的支持，而是要解释按照不同情况结果会如何不同："协议签订后的讨价还价不是要争辩国际法、机制和协议的权力呈现出高价值（自由理想主义）还是低价值（古典现实主义），而是可以将对变化的解释引入进来"（Jönsson and Tallberg，1998，第 398 页）。这也是本书随后各章所聚焦的内容。

第三章　巴伦支海的渔业管理

本章从生态、法律和制度安排这三个角度来概述谈判后达成共识的实践性。开始我们对巴伦支海主要渔业资源作简短介绍——巴伦支海的经济资产吸引了许多有渔业利益的国家，沿海的国家致力于子孙后代的可持续发展。最主要的三种渔业资源是鳕鱼、黑线鳕、毛鳞鱼，从20世纪70年代起就在挪威和苏联共同管理下。借此我们来看究竟哪些国家参与了渔业管理？捕鱼活动又是如何进行？然后遵循渔业的法律大纲，看看海洋法对渔业资源管辖权的规定，以及巴伦支海渔业管理的意义是什么？之后我将概述一下挪威和俄罗斯的渔业管理制度。本章结尾通过强调自20世纪70年代中期成立联合委员会的工作形式和他们主要探讨的问题，来更详细地介绍两个国家间的双边管理制度。①

一、渔业资源

巴伦支海的渔业资源物产丰富，种类繁多。其富饶原因在于该海域丰富的浮游生物为规模庞大的生活在大海表层的远洋鱼提供了食物。说到巴伦支海的远洋鱼资源，最重要的是毛鳞鱼和鲱鱼，反过来它们又是底层鱼类如鳕鱼、黑线鳕这样鳕鱼类的猎物。中上层鱼类和底层鱼类又都是海鸟、海洋哺乳生物和人类的食物。鳕鱼、毛鳞鱼、鲱鱼是巴伦支海生态系统的关键物种。鳕鱼以毛鳞鱼、鲱鱼和更小的鳕鱼为食，同时鲱鱼以毛鳞鱼幼鱼为食。在鳕鱼和鲱鱼种群增长时期，毛鳞鱼数量在减少。相反，当有少量鲱鱼，但有大量毛鳞鱼的时候，往往是中等大小的鳕鱼数量增长的时期。

迄今为止，鳕鱼是巴伦支海最重要的商业资源。北极东北区域的鳕鱼（*Gadus morhua*）从第七年（见图3-1）沿着挪威沿海产卵。产卵后，它们返回巴

---

① 本章所给出的信息主要是基于作者从挪威与俄罗斯渔业管理中所得的实践经验；参见第一章的"方法论思考"。可以在Hersoug（2005）和Hoel（2005）找到更多关于挪威渔业及其渔业管理系统的信息。可以在荷内兰德（2004，2005）和Jorgensen（2009）找到关于俄罗斯渔业的介绍。挪威海洋研究所出版了巴伦支海渔业资源情况的年度概述；参见，例如，Havets ressurser og milje，2009；卑尔根：海洋研究所，2009。关于巴伦支海管辖权的经典作品是Churchill和Ulfstein（1992）。Henriksen和Ulfstein（2011）以及Jensen（2011）最近提供的新文章则覆盖了挪威与俄罗斯之间2010年海上划界的协定。Pedersen（2008，2009a，2009b，2011）的一系列文章，则记录并讨论了其他国家在挪威斯瓦尔巴德群岛附近保护区的政策。

伦支海。鳕鱼的鱼苗会漂流到巴伦支海的北部。它们 4 岁的时候，开始向南移动，去毛鳞鱼繁殖区进食。鳕鱼不像毛鳞鱼一样向冰边缘移动，但是在秋天，仍可以在斯瓦尔巴德群岛的北部、西部和东部发现数量可观的鳕鱼。在巴伦支海的东北部，从科拉海岸到新地岛也是鳕鱼的重要繁殖地。接近年底时，性发育成熟的鳕鱼会在冬季产卵洄游前聚集在芬马克郡海岸。正如我们在以后的章节将看到的，多年来这一资源一直在变化中。但总的来说这种情况还是令人满意的。如第一章所述，这是世界上最大的鳕鱼资源。

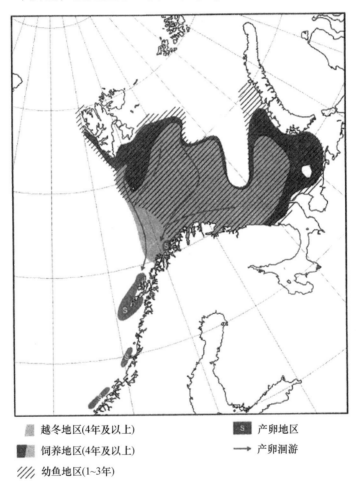

图 3 - 1　巴伦支海鳕鱼资源

资料来源：弗里特约夫南森研究所，基于 Havets ressurser og miljø, 2009；

卑尔根：海洋研究所，2009

第二种渔业资源是挪威与俄罗斯共同分享的位于巴伦支海的北极东北部的黑线鳕资源（*Melanogrammus aeglefinus*）。实际上，黑线鳕也是一种"鳕鱼"，它们和鳕鱼很相近，也是除了鳕鱼外，在巴伦支海第二重要的贸易资源。然而，黑线鳕资源远远少于鳕鱼资源，黑线鳕也倾向于更大规模的迁移。因此，随着时间稳定黑线鳕渔业是困难的。虽然黑线鳕可能偶尔在某次捕捞中占绝大多数，但大部分黑线鳕是捕鳕鱼的时候顺便捕捞的（除了挪威海岸的小型货轮上捕捞到的以外）。黑线鳕遍及巴伦支海的西南地区（见图3-2）——主要在熊岛南部，位于中途斯瓦尔巴德群岛和挪威之间——但是，这一资源延伸到北部的斯瓦尔巴德群岛的西部海岸和科拉海岸东部。年幼的黑线鳕被鳕鱼、海豹和鲸鱼当作食物。因为这些捕猎者更喜欢毛鳞鱼，所以当有丰富的毛鳞鱼时，它们很少捕食黑线鳕。

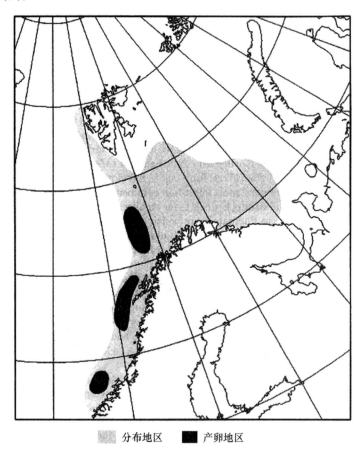

图3-2　巴伦支海黑线鳕资源

资料来源：弗里特约夫南森研究所，基于 Havets ressurser og miljø, 2009;

卑尔根：海洋研究所，2009

　　巴伦支海的毛鳞鱼（*Mallotus villosus*）资源曾经是大西洋东北区域最大的渔

业资源。这种鱼个体成长有相当大的年度变化，导致了渔业资源相对较大的波动，同时也对整个生态系统产生了影响。在 20 世纪 70 年代，毛鳞鱼资源相对稳定，但是，到了 80 年代却急剧下降。过度捕捞增强了自然下降的趋势，使这一资源接近全面崩溃。从那时起，商业捕捞只被允许在接下来的短暂几年进行。毛鳞鱼资源在 20 世纪 90 年代早期有所增加，21 世纪到来后数量又有新的下降。毛鳞鱼春天在挪威的最北边的（见图 3 - 3）芬马克郡的巴伦支海近岸水域产卵。鱼苗漂流至巴伦支海的北部直至发育成熟。幼年毛鳞鱼以浮游生物为食，从 5 月到 10 月和融冰一起沿着冰缘向北方移动。到了每年年底，业已成熟的毛鳞鱼会抵达繁殖区域，沿途以毛鳞鱼为食物的鳕鱼会追随着毛鳞鱼一起抵达海岸。这样的年度迁移使芬马克郡海岸成为世界上最富饶的渔场之一。资源的浮动规模取决于性成熟毛鳞鱼在总数中的比例，毛鳞鱼性成熟的时间，从 2~3 年到 5~6 年不等，这主要取决于海洋温度。产卵后，多数毛鳞鱼就死亡了。

大西洋－斯坎迪维亚鲱鱼（*Clupea harengus*）曾是欧洲水域最重要的渔业资源，直到 20 世纪 60 年代末该种群走向衰落。常规的从北海到挪威海岸产卵迁移模式于 1970 年中断。此种渔业资源因此减少，剩下的鱼可以在挪威海岸找到充足的食物。旧的迁徙模式在 90 年代中期再度恢复，自那时起此类资源开始大幅增加，在北海的鲱鱼捕捞已经接近 50 年代的捕捞规模。尽管这一数据具有很大的可变性，但每年仍有一些鲱鱼鱼苗随着墨西哥暖流漂流进入巴伦支海。鲱鱼有三年的时间在那里，并且在向北漂流过程中以毛鳞鱼为食物。巴伦支海的年幼鲱鱼对于毛鳞鱼来说却是一个威胁，尽管它们为鲱鱼的总量做了贡献。然而，从鲱鱼自己是鳕鱼的食物这个角度来说，鲱鱼的存在也减轻了毛鳞鱼的压力。鲱鱼自身在巴伦支海的商业效益不大，但是它的存在却着实影响了该地区的渔业。

巴伦支海的另一重要底栖鱼类资源为绿鳕鱼（*Pollachius virens*）（英文名字还包括黑鳕鱼和波拉克鳕鱼）、鲑鱼（尖吻平鲉和平鲉）和格陵兰大比目鱼（马舌鲽）。传统上，这些过去是专属于挪威的渔业资源，但是迁移模式的改变和新的科学数据导致俄罗斯在渔业资源上的权利日益增大。在 2000 年以后，俄罗斯鳕鱼资源开始显著增加，并开始向东延伸到俄罗斯水域。科学研究显示俄罗斯经济区的格陵兰大比目鱼数量比之前猜想得更多，所以在 2009 年的挪威—俄罗斯渔业委员会上宣布，格陵兰大比目鱼为巴伦支海的第四重要资源。

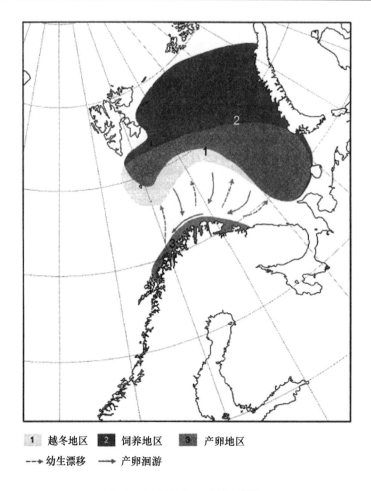

1 越冬地区   2 饲养地区   3 产卵地区

→ 幼生漂移   → 产卵洄游

图 3 – 3   巴伦支海毛鳞鱼资源

资料来源：弗里特约夫南森研究所，基于 Havets ressurser og miljø，2009；

卑尔根：海洋研究所，2009

二、渔业

挪威渔业部门是由大量不同利益集团参与组成。主要包括远洋捕鱼船队、沿海捕鱼船队和陆基鱼类加工行业。远洋船队由一些相对有限能力的船只组成，其中最先进的例如在挪威西部地区注册的拖网渔船。沿海捕鱼船队由大量的带有传统齿轮的捕鱼小船组成，这种船大都只在挪威北部注册。拖网渔船的挪威鳕鱼配额量的变化幅度随着可捕获总量（TAC）而变化，当可捕总量低的时候只允许捕捞20%，当可捕总量高的时候，可捕获35%。

在俄国1917年革命之后，集中在科拉半岛的西北渔业开始迅速发展。摩尔曼斯克拖网船队和摩尔曼斯克渔业联合公司（后一个后来成为苏联最大的水产加工厂）在 20 世纪 20 年代成立。这一北部盆地成为继远东盆地后第二重要的苏联渔业区域。由于苏联解体和随之而来的俄罗斯经济改革导致了捕鱼量的大幅下降和工人数量的下降。北部盆地那些为扩展远洋渔业而进行过远至非洲和南美海岸航线的船只，被留在了距离俄罗斯更近的地方——巴伦支海。自进入 21 世纪以来，大部分捕获物的贸易在挪威进行，其他西方国家也似乎如此。俄罗斯西北部的捕鱼船队还没有这样做，尽管其组成结构已发生了明显变化，它仍然几乎完全由拖网渔船组成，虽然它的总数已由苏联时期的 400 个减少到在苏联解体 20 年后的 250 个。

巴伦支海的捕鱼活动随着被捕获鱼类的不同在全年波动较大。在参与渔业活动的不同国家中，俄罗斯的船队是迄今为止最大的。在最密集的捕鱼期，超过 100 个俄罗斯拖网渔船在巴伦支海捕捞鳕鱼。挪威最北的两个郡——特罗瑟姆郡和芬马克郡，是鳕鱼捕捞最繁忙的地方，捕捞季节是晚冬和早春。在春末和夏季的熊岛附近，继续进行鳕鱼捕捞，但密集度较低。虽然俄罗斯近年来减少了对虾的捕捞，但在斯瓦尔巴德群岛附近的海域到大陆，虾仍是一年四季都被捕捞。毛鳞鱼捕捞得到允许的这些年，相当数量的俄罗斯渔船在斯匹茨卑尔根岛的东南部也就是斯瓦尔巴德群岛中最大的岛屿对这一物种实行捕捞。

来自挪威与第三国在公海上的渔业活动，远不及俄罗斯密集。大约 70% 到 75% 的挪威鳕鱼配额通常是分配给沿海渔民，只有少数挪威拖网渔船在巴伦支海捕捞鳕鱼，且主要是在挪威自己的专属经济区内。在斯瓦尔巴德群岛附近海域，捕虾业更为普遍。与俄罗斯不同的是，挪威的捕鱼船获取毛鳞鱼主要沿着接近挪威大陆的海岸。第三国在巴伦支海的捕鱼也是相当有限，至少与俄罗斯的捕鱼活动相比是这样的。最密集的捕捞出现在西班牙暖流带来鳕鱼的时候，通常这个时候会有十几个拖网渔船在斯瓦尔巴德群岛周围水域出现。来自英国、德国、法国、葡萄牙的拖网渔船通常会使用欧盟剩下的配额在巴伦支海进行捕捞，但是船只数量明显少于那些来自俄罗斯的船只。

三、巴伦支海的管辖权

在 1975 年第三次联合国海洋法会议上达成了 200 海里专属经济区的协议原则。据此管理海岸 200 海里海洋资源的权利与责任转移到了沿海国家。在 1977 年，挪威与苏联都建立了自己的专属经济区（见图 3 - 4）。然而，这两国并未就划定各自区域之间的界限达成一致。这两个国家 20 世纪 70 年代就开始就巴伦支海的大陆架分界线问题进行谈判，专属经济区的分歧也在讨论之中。双方以同

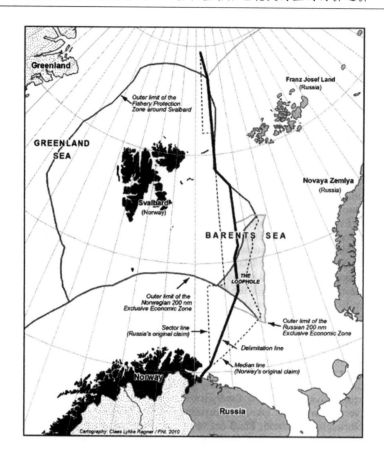

图 3 - 4　巴伦支海管辖权

资料来源：弗里特约夫南森研究所

意使用 1958 年的《大陆架公约》为基础。根据该公约，如果双方都同意的情况下，大陆架可以在国家之间来划分。如果没有达成协议，那么从大陆边界延伸的中间线通常应是确定的边界线，但特殊情况下可能需要调整。在巴伦支海，挪威坚持中间线原则，同时苏联根据界定线应该沿着经度线从大陆边界的一段到北极，声称扇形线原则。苏联一直坚持扇形线原则，声称早在 1926 年苏联北极水域就受扇形线原则的限制。此外，他们认为，应该考虑其在巴伦支海的特殊情况，苏联在该地区显著的人口规模和这一地区的战略意义，有必要偏离中间线原则。1978 年，为避免争议地区的非常规捕捞，达成了一个临时的灰色地带协议。[①] 本协议要求挪威和苏联通过其中任何一国授权的渔业执照或船舶执照，来协调和控制各自和第三国的渔民并避免干扰对方船只的活动。该协议已

① 《苏联与挪威渔业合作协议（与各国的协议）》，奥斯陆，外交部，1975，第 436 页。

明确表示是临时的并将每年更新，灰色地带协议完善了渔业管理的目的。① 但是，该地区地下油气资源的前景敦促各方，在 2010 年的春天达成了最后划界协议。② 该协议是一种妥协，是在大陆架中间线与扇形线之间的折中选择。

该地区的另一焦点是有着实质性意义的本地渔业管理，即斯瓦尔巴德群岛周围的渔业保护区。挪威声称其有权利在该群岛建立专属经济区，但是到目前为止还没有这样做，因为签署了 1920 年斯瓦尔巴德群岛条约的其他缔约国，已经表示他们不会接受挪威该举措。斯瓦尔巴德群岛条约给予了挪威在该群岛的主权，在此之前，该地在欧洲北极区并不属于任何国家。然而，该条约包含一些限制挪威行使管辖权的条例。最重要的是，所有签约国公民在斯瓦尔巴德群岛享有平等的开发自然资源的权利。此外，群岛不能被用于军事目的，还有限制挪威对斯瓦尔巴德群岛居民征税的权力。该条约的原始缔约国是丹麦、法国、意大利、日本、荷兰、挪威、瑞典、英国和美国。苏联在 1935 年加入。

其他签约国（除了挪威）认为，无差别的斯瓦尔巴德群岛条约也需要应用到群岛周围的海域。③ 而挪威引用条约文本只涉及斯瓦尔巴德群岛的土地和领海。斯瓦尔巴德群岛附近海域是幼年鳕鱼的重要给养地，在 1977 年确立的保护区，代表了一种"中间路线"，旨在保护幼鱼，防止其被非常规捕捞。大多数挪威专属经济区的捕捞限令也同样适用于斯瓦尔巴德群岛周围的保护区，单独配额并不适用于这一区域。挪威、俄罗斯渔民和第三国渔民一样，只要他们在特殊区域得到授权，即船只在巴伦支海捕鱼得到许可，当然这通常只是一个形式，他们就可以在任何他们喜欢的区域进行捕鱼。每个船只（在俄罗斯，每个公司）在整个巴伦支海的捕捞都有一个固定的配额。然而，更大的鱼更接近陆地，所以，挪威更喜欢在其专属经济区捕捞更多的鱼以减少对资源潜在的危害（此外，挪威在该区域的执行力比在巴伦支海的其他区域更顺畅）。

如下所述，自专属经济区简介公布以来，斯瓦尔巴德群岛周围保护区未被

---

① 也就是说，挪威与苏联/俄罗斯在关于灰色地带执法问题上并没有太多争执。从某种程度上来讲，俄罗斯在巴伦支海上的确存在过度捕捞行为，然而，问题是该区域被灰色地带覆盖，挪威海岸警卫队无法进入（参见第四章）。

② 挪威和苏联之间在巴伦支海和北冰洋，关于海上划界与合作的条约在 www. regjeringen. no/upload/ UDIV edlegg/F olkerett/ avtale_ engelsk. Pdf 网站暂时可用。

③ 英国最强烈反对保护区。美国、德国和法国则持保留意见，这意味着他们仍在进行考虑。芬兰在 1976 年时声称支持保护区，但是，后来并没重复此意见。加拿大在 1995 年也表示支持挪威在双边渔业协定的位置，但是该协定并未生效。其他西方国家普遍接受挪威管辖斯瓦尔巴德群岛群岛附近水域，但是，他们声称挪威的管辖权必须严格依照斯瓦尔巴德群岛条约。参见 Pedersen (2008, 2009a, 2009b, 2011)。另一方面，俄罗斯正式承认斯瓦尔巴德群岛附近海域属于公海。参见 Vylegzhanin 和 Zilanov (2007)。实际上，俄罗斯已经接受挪威在斯瓦尔巴德地区执行其渔业法规。在接下来的章节将对此进行进一步的阐述。

其他任何在该地有配额的国家承认。为了避免激怒其他国家，多年来挪威并未在斯瓦尔巴德群岛区域实施惩罚违规者的举措。挪威第一次使用武力是在1993年，挪威海岸警卫队对没有配额借方便之名，在巴伦支海实施捕捞的冰岛拖网渔船与法罗群岛的船只鸣枪示意，事后这些船只离开了该区域。第二年，在斯瓦尔巴德群岛，挪威第一次逮捕了一艘没有配额的冰岛船只。

苏联/俄罗斯船只自专属经济区建立以来，就经常在斯瓦尔巴德群岛捕鱼，事实上，这一行为代表了绝大部分在该地区的捕捞行动。他们不向挪威当局报告他们的捕捞行动，俄罗斯船长一直拒绝签署挪威海岸警卫队提供的检查表格。另一方面，俄罗斯欢迎挪威检查员上船检查，实施在斯瓦尔巴德群岛和挪威专属经济区相同的检验程序。挪威宽松执法实践的一个变化第一次被注意到是与俄罗斯渔民有关。1998年挪威海岸警卫队决定拘捕一艘俄罗斯船只，因为该船只在已经关闭的幼鱼苗密集的区域进行捕捞，但是，由于两国外交层面的交涉，拘捕行动在船只接近挪威港湾时候停止。2001年，在斯瓦尔巴德群岛周围保护区，挪威逮捕了第一艘俄罗斯船只。挪威声称该船只违反渔业法规，对环境造成了损害。对此俄罗斯官方反应强烈。俄罗斯当局称，挪威在国际水域非法扣留了一艘俄罗斯船只。此外，俄罗斯指责挪威此举打破了一个近25年两国间的温和协议，即只要挪威不表现的像在当地拥有正式主权，俄罗斯就可以在斯瓦尔巴德群岛接受挪威对其捕鱼作业的监测（包括对俄罗斯船只的实地检查）。对俄罗斯船只的逮捕显示，挪威认为自己在该地拥有正式管辖权。[①] 在斯瓦尔巴德群岛，2005年挪威第二次试图逮捕一艘俄罗斯船只，同样的原因，因为该船只严重违反了渔业法规，包括过度捕捞。和上次一样，这一次的逮捕行动并不顺利，但是这次与1998年事件的原因不同：在挪威检查员在俄罗斯船上的情况下，俄罗斯船长仍驾船逃回了俄罗斯港口。后来这名船长在俄罗斯法庭受到了审判，而俄罗斯官方对挪威这一举动的反应比2001年温和。在2009—2010年间，挪威海岸警卫队逮捕了一些在斯瓦尔巴德群岛周围保护区捕鱼的俄罗斯船只，俄罗斯当局对此未有正式表态。

在巴伦支海的东北部的一片国际水域也存在着关于捕鱼权的争议，我们称之为漏洞区（Loophole）。1991—1992年由于格陵兰与法国船只开始在巴伦支海的漏洞区进行捕鱼，格陵兰和欧盟产生争议，最后通过外交谈判得以解决。格

---

① 诚然，1994年，挪威在斯瓦尔巴德地区逮捕了一艘冰岛船只，但是，俄罗斯在挪威与冰岛之间的这场国家争端中，选择支持挪威。这次逮捕行动，被视为代表这两个沿海国家，对于没有捕鱼配额的严重违反捕鱼条例行为的反应。

陵兰被分配了一个巴伦支海的配额，欧盟同意把法国在漏洞区的配额算进欧盟在巴伦支海总的配额里面。1993 年，冰岛船只打着方便的旗号开始在漏洞区扩张自己的渔业。直到 1999 年这两个沿海国家才与冰岛就停止在漏洞区捕鱼达成一项协议。[①] 就像 10 年前的格陵兰一样，冰岛得到了在巴伦支海的配额。礼尚往来，挪威与俄罗斯获得了在冰岛水域捕鱼的配额和得到冰岛将帮助打击在巴伦支海专属经济区外的非法捕捞的保证。2000 年以来，在漏洞区的捕鱼活动已降到最小。漏洞区距离海岸很远，很难到达这里，这里捕获量的变化幅度大，通常渔业资源贫瘠。实际上，只有那些在巴伦支海没有配额的船只才对漏洞区感兴趣。即使是在 20 世纪 90 年代，冰岛渔业在资源储备这一问题上的实际影响少于政治利益也反映了上述说法。斯托克（Stokke，2010a，第 60 页）指出，即使冰岛无序地捕捞，其峰值依然不会超过上一年增长总额的 1/3，因此与其把它看成是对资源可持续性的威胁，不如说是一个妨害行为。

四、挪威渔业管理

挪威的渔业管理由渔业部和海岸事务部负责。位于卑尔根西部海岸的理事会是渔业的主要执行机构。卑尔根也是挪威渔业管理的主要科学机构，海洋研究所的所在地。自 1988 年以来，海洋研究所的行政管理一直独立于渔业董事会，但是，海洋研究所仍参与执行渔业部与渔业董事会的很多任务。值得注意的是，海洋研究所提供了基于科学调查的管理建议。渔业董事会遵循行政决定，为监管尺度制定详细的建议，通过分配执照，详述技术规定，关闭某些捕捞区域，持续追踪个体渔船数量和外国所占的配额来完善这些建议。渔业部采取了建议，在 2006 年，取消了原先只对某些特殊人员开放的管理委员会，而转为开放的管理会议为配额分配提供建议。捕鱼业历来是挪威的捕鱼管理的主要部分。20 世纪 90 年代开始，环境组织在这些会议中有了发言权。

挪威渔民协会也是挪威渔业管理中的重要一员。它几乎代表了全部挪威渔民，并参与管理过程的各个方面。直到 20 世纪 90 年代初，协会主要关心的是和渔业部进行的发放年度补贴的谈判。这些补贴逐渐减少，1994 年的欧洲经济区协定开始生效后，补贴完全取消了。现在，参与渔业管理的进程是协会的主要功能。协会保持了与当局在渔业管理问题上的持续对话。因为协会代表了许多不同船只类型，所以其内部利益冲突很频繁。另一方面，协会几乎垄断性地代

---

① 《苏联与挪威渔业合作协议（与各国的协议）》，奥斯陆，外交部，1975，第 838 - 846 页。

表了挪威渔民们的利益，这使协会在渔业管理上扮演了一个重要角色。1990年，一些沿海渔民们离开了协会，创建了挪威沿海渔民协会，为当局提供政策建议。陆基鱼类加工业，包括水产养殖业都隶属于挪威海产品联合会。

在巴伦支海，渔民在岸边和海上的活动受到管制（尽管欧盟要求的主要管制区是陆地）。管制措施可分为被动和主动。主动控制包括正式检查，渔民需要提交他们在海上的活动信息。当局"被动"地接受来自船只的数据，检查他们的行为是否合法。相比之下，主动监控需要检查员，对这些在海上或是岸上的信息进行实物检查。挪威渔业管理的被动控制权由渔业委员会行使，委员会直接从渔船（国外船只和挪威工厂的拖网渔船）、捕鱼日志（挪威船只的日志超出一般长度）和从渔民的销售组织取得的岸上的数据（适用于岸上所有的挪威鱼类加工厂）中获得信息。在这些数据的基础上，委员会和销售组织合力持续追踪一艘船或一个外部国家剩下的配额。一旦配额用完，可以立即采取措施制止其捕鱼。当捕获的鱼送至岸上时，主动配额控制会通过渔业会的地区办事处来执行，在海上则由海岸警卫队执行。海岸警卫队是挪威海军的一个组成部分，但是也为其他政府机构执行任务，如渔业部。在实践中，渔业监控是挪威海岸警卫队最重要的工作。检查员在渔船捕捞作业期间上船监测渔具和捕捞情况，即在甲板上（从最近一次的捕捞）和之前的捕捞情况。一个主要任务是检查提交给委员会（通过直接报告或捕鱼日志）的渔业信息，是否对应船上实际的鱼的数量，例如，如果检查员发现船上鱼的数量比向委员会报告的多，那么这艘船将因为不如实报告信息而被起诉，进而反映出过度捕捞这一事实。

五、俄罗斯渔业管理

俄罗斯的渔业管理由联邦渔业署（Rosrybolovstvo）负责。联邦渔业署在2004年与重组的俄罗斯联邦政府机构同时建立，并取代了俄罗斯国家渔业委员会（取代了苏联渔业部），联邦渔业署最初置于农业部之下作为一个执行机构，从2007年起，又被赋予政策规划的责任，直接从属政府（即不再从属于某个部门）。2004年改革的最重要的方面是引入三个类别不同的联邦行政权力机构，并明确了他们各自的责任如下：联邦部委（ministerstva）制定国家政策，联邦机构（agentstva）完善政策并为群众提供服务，联邦服务（sluzhby）执行控制和监视功能。

从2004年到2007年，俄罗斯农业部负责渔业的政策制定，而该部门的兽医服务负责渔业执法（除了在俄罗斯专属经济区的实物检查，参见下文）。然而，自 2007 年以来，所有这些功能再次聚集到一个政府机构里——联邦渔业署。这个变化来源于俄罗斯渔民们的强烈游说。除了其正式地位较低，联邦渔业署在特定领域，拥有比其他政府部门更广泛的权力。2004 年改革的重点是政治权力的分化，落实和控制不同政府机构间的功能，减少俄罗斯官僚机构腐败等等。事实上，联邦渔业署的作用绝不局限于实施政府政策。近年来，联邦渔业署日益活跃在政策制定和法律工作上面，它也恢复除了专属经济区（参见下文）外对渔业的控制。此外，联邦渔业署还致力于在政策形成中承担更重要的角色，甚至游说渔业成为一个独立的行政部门。

2008 年成立的政府渔业委员会的复杂发展再一次表明了俄罗斯渔业部门将要进行政治改革。根据其章程，委员会的主要任务是确保联邦政府机构间在渔业问题上的有效合作，也要考虑包括法律倡议在内的关于渔业政策的建议。委员会的工作小组汇集了对联邦政府机构和渔业治理感兴趣的代表们。会议至少每季度举行一次，并由第一副总理主持。因为联邦渔业署没有部门级地位，所以第一副总理也就渔业事务在政府发言。直至最近，由于内部意见不一和其他利益纠纷，许多尝试完善渔业部门框架的行为都以失败告终。很可能是委员会在促进采用和实施新规定其重要作用之前，因内部机构意见不统一而停滞。

从 2000 年到 2003 年，拍卖配额成为一种新的捕捞分配方法。在 2003 年，政府出台了配额分享费，基于个体船户在过去 3 年（现在 5 年）的捕捞能力的证明记录，可以提前 5 年分配配额。在联邦渔业署领导下的一个内部委员会，现在推行一个与其他国家（和在巴伦支海上一样，这些国家的可捕总量都是国际标准）分享渔业资源配额的政策。在 2007 年，为了刺激对俄罗斯老旧捕鱼船更新的投资，联邦渔业法修正案延长分配配额至 10 年。第二个重大变化，是使渔船强制性停靠在俄罗斯专属经济区，这有一个三管齐下的目的：确保鱼运入俄罗斯水产加工厂从而促进就业；提高进入俄罗斯市场的相对便宜的鱼产品数量，从而增加营养目标；减小俄罗斯渔民过度捕捞超过配额的可能性，从而进一步控制目标。虽然强制性让渔船停泊在俄罗斯并不意味着强迫渔业公司把鱼售给俄罗斯买家（外国买家也在俄罗斯运营），但是作为一个新的经济刺激使这一选择更有吸引力：对在俄罗斯国内市场销售的公司，对其配额减税至全价的 10%。

传统上，渔业部/国家渔业委员会一直负责所有在俄罗斯的渔业相关问题，包括渔业法规的执行。1997 年，俄罗斯总统决定由联邦边境局（Russian Federal Border Service）（于 2003 年并入联邦安全局 FSB）取代原先的渔业国家委员会（联邦渔业署的前身）来负责俄罗斯专属经济区的事务。联邦边境局会在海上捕鱼期间对渔船进行检查，在现场检查或转运的基础上，来查看捕捞日志、渔具和船上的捕获量是否符合渔业法规的要求。联邦渔业署及其地区分支，继续在除了内陆渔业区域的俄罗斯领海及其传统区域执行渔业法规。该机构将继续管理开放和关闭渔场的系统，以防超出数量的幼鱼被捕获。

2006—2007 年，在巴伦支海和白海建立了联邦渔业署的一个地区分支。联邦渔业署的区域行政部门（BBTA）作为其在北部盆地的执行机构。北部盆地的配额控制由联邦渔业署的区域行政部门来执行，在港口、俄罗斯领海、俄罗斯专属经济区之外的地方（如巴伦支海的漏洞区、斯瓦尔巴德群岛周围的渔业保护区）进行实物检查。在 20 世纪 90 年代初期，俄罗斯西北部的区域行政机关（地方长官）建立了自己的渔业部门，直到 2000 年引入配额拍卖的形式前，其在配额分配方面有显著影响。自从 2003 年引入当前的配额分配制度后，他们在沿海渔业管理上的角色变得有限起来。

从苏联时期开始，俄罗斯一直在海洋学、海洋生物学、资源评估、渔具和生产技术等海洋渔业方面进行广泛的研究。为满足远洋捕鱼船只的要求，传统上，这些工作都是在苏联/俄罗斯以外的水域进行。俄罗斯联邦渔业与海洋研究所（VNIRO），是一个研究渔业和海洋学的全俄科学研究院。在各种不同的渔业盆地里都有地区性的研究所，北部盆地的俄罗斯极地海洋渔业与海洋研究所（PINRO）（Knipovich，对渔业和海洋学进行研究的极地科学研究所）在摩尔曼斯克，它的分支机构 SevPINRO（主要负责海洋哺乳动物、内陆渔业和白海渔业）在阿尔汉格尔斯克。在 20 世纪 90 年代初期，研究院开始变为联邦国家统一组织的事业单位。这导致了财政支持的直接下降，但是，经由补偿，研究院得到了一大笔曾属于商业捕捞公司的研究配额，包括从捕获鱼类的销售中获得一些经济效益，使海上研究可持续。2007 年，新规定的出台使研究院从研究配额中获得经济效益变成了违法的行为，因此研究所的公共资助再次增加。然而，总的结果似乎是研究院净损失平均年预算的 20%。

连续非正式对话一直存在于俄罗斯渔业管理机构与渔业行业之间，包括个体船只所有者、船东协会或加工业。北部盆地的大型"传统"船东，如摩尔曼斯克拖网船队通常有直接接近政府的渠道，而北方渔业企业联盟代表了 60 个较小的渔业公司（占北部盆地供应的 30%～35%）。通过渔业委员会这个咨询机构，俄罗斯渔业行业和政府之间在联邦、盆地（北部盆地）和地区（这里指摩尔曼斯克郡）这三个层面上有了更正式的竞争舞台。在联邦层面，2008 年公共渔业委员会在符合联邦公共议院法令要求，即大多数政府机构里必须拥有公共委员会的基础上成立。尽管盆地与地区层面的渔业委员会自苏联时期就存在，但是 2004 年的联邦渔业法案仍旧确认了其存在的必要。这些委员会在一系列广泛的与渔业相关的问题上提出建议，包括船队的运作；控制和检测；对水生生物资源的保护、恢复与采收；配额分配；以及渔业的可持续管理方面的其他问题。委员会包括渔业、联邦行政机关、俄罗斯联邦主体（地区）的行政机构、研究所和非政府组织，也包括北部、西伯利亚、远东地区的土著人群代表组成。关于北部盆地的科学性和渔业委员会的法规在 2002 年发布。2005 年发布了关于摩尔曼斯克领地的渔业法规。值得注意的是，委员会声明将致力于推动一个在该地区渔业行业、渔业部门、科研机构和非政府组织（NGO）之间协调的渔业政策出台。

六、双边管理制度

根据第一章所阐述的，1975 年在双边协议的基准上建立的挪威—苏联（俄罗斯）联合渔业委员会在次年举行了首次会晤。当时双方同意平等地分享巴伦支海最重要的两种渔业资源——鳕鱼与黑线鳕。基于前几年资源与捕捞的分配，挪威提出了挪威 70%、苏联 30% 的配额。苏联方面认为他们在近几年有意减少在巴伦支海的捕鱼量，代之以远洋渔业捕捞，正是为了保护巴伦支海的渔业资源。苏联认为为此举受罚是不合理的。毕竟苏联是一个超级大国，所以挪威方面最终同意 50%：50% 配额的分配。

联合委员会的前几年，挪威与俄罗斯之间的渔业关系主要围绕着：该地区的管辖权问题，建立专属经济区，斯瓦尔巴德群岛区相关争议，首要问题是挪威和苏联专属经济区划界谈判和建立临时灰色地带。换句话说，在 20 世纪 70 年代末期联合委员会的工作主要是两国间关于海洋治理与管辖权的更高层次的政治谈判。联合委员会每年召开两到三次，每次仅为期一到两天，紧随其后的部长级会议主要是讨论管辖权这一问题。尚不清楚除了为鳕鱼与黑线鳕设置可捕获总量标准，委员会的其他工作任务是什么。在 1976 年 1 月的第一个阶段，科学研究上的合作提上了议程。此外，苏联提出了合作人工繁殖大马哈鱼的建议，当时，边境另一边的挪威对水产养殖并不熟悉，所以挪威方面对苏联的提议反应很冷淡。在 1976 年 12 月的第二阶段，委员会第一次为鳕鱼与黑线鳕设置了可捕获总量标准。双方同意在配额分享后挪威继续将被动齿轮用在渔业上。谈判进程相当激烈，挪威要求 75% 的配额，苏联要求 50%：50% 的配额，在 1978 年 11 月，委员会最终达成了在毛鳞鱼配额上 60%：40% 的分配。

在 20 世纪 80 年代早期，挪威与苏联的渔业合作关系已经初见端倪。双方同意共同管理某些渔业资源，以及应该如何共享这些资源。双方也在共同资源的交易与资源专属一方的问题上达成了协议。科学合作成了联合委员会工作上不可分割的一部分：挪威和苏联的渔业科学家发现除了"国际海洋考察理事会"（ICES）以外新的国际合作领域。像水产养殖合作、驯化巴伦支海的太平洋鲑鱼、两国鱼类加工业的合作等倡议则被搁置。在整个 20 世纪 80 年代，一条斗争线主导了联合委员会的工作：挪威想引入更严格的在鳕鱼与黑线鳕上渔具的限制，显著增加最小渔网大小和最小鱼类长度，然而苏联坚持更低标准的 TACs 和限制挪威在传统罗弗敦岛（Lofoten）渔区对产卵鳕鱼的捕捞。早在 20 世纪 70 年代末，挪威建议增大网眼，从当时东北大西洋渔业委员会（NEAFC）要求的 120 毫米增至 135 毫米。苏联声称挪威此举没有科学依据。此外，因为巴伦支海东部的鱼通常比较小，所以这对苏联的影响比对挪威捕捞船队的影响严重得多。1982 年，挪威在挪威专属经济区将网眼大小限制在 135 毫米，基于双方联合管理制度的背景，此举被苏联在翌年的几个公开场合里称作"单边主义"。1980 年，苏联同意增加网眼大小至 125 毫米，双方同意最小鳕鱼的长度增加至 39 厘米，黑线鳕的长度为 35 厘米（在 1982 年分别增加至 42 厘米和 39 厘米），以及禁止每次对不到这一长度鱼超过总量 15% 的捕捞。在 20 世纪 80 年代，挪威经常超出其鳕鱼配额进行过度捕捞，但挪威仍设法在被动设备的辅助下维持其过度捕捞的状态。如第一章所述，在 20 世纪 80 年代，双方达成了一个交换方案，苏联得到了多种独有的挪威低利润鱼类资源，作为回报，挪威得到了苏联鳕鱼与黑线鳕的配额。最终，在 20 世纪 80 年代确定了工作模式并一直延续到今天：在"国际海洋考察理事会"（ICES）就下一年的工作提出科学建议后，委员会在深秋的一个工作周举行会议，在夏季偶尔举行短期会议（这次会议为内部对话的一个组成部分，也着手为秋季会议做准备）。会议在两国间交替举办。代表团人数逐年上涨，从最初的少数代表涨至 15 ~ 20 人，包括来自两个国家的渔业局、外交部、渔业研究所、鱼类工业的代表成员。

20 世纪 80 年代末，联合委员会的新时代开始了。鳕鱼和毛鳞鱼资源深陷危机，在 1990 年，委员会设置了历史上最低的可捕获总量 16 万吨（在这个 10 年里 TAC 的变化幅度从 20 世纪 70 年代末的 70 万 ~ 85 万吨下降到了 22 万 ~ 45 万吨）。挪威逐渐放弃了其用被动齿轮进行过度捕捞。挪威海洋研究所表示，产卵鳕鱼的数量降到了 120 年来的最低点，同时摩尔曼斯克的俄罗斯极地海洋渔业与海洋研究所（PINRO）建议 10 年内全面禁止在巴伦支海的捕捞鳕鱼行动。不知是否是降低了可捕获总量的原因，这次危机相对较快地结束了。20 世纪 90 年代，在很长时期里维持了较高的鳕鱼可捕获总量，在 1997 年最高甚至达到了 85 万吨。良好的资源状况解决了俄罗斯引入市场机制后一度出现的新困境：俄罗斯渔民不再对曾经苏联与挪威进行交易的、过量的鳕鱼与黑线鳕这样的低价物种感兴趣。俄罗斯渔民进入了全球化的渔业市场，不同于 20 世纪 80 年代的情况，现在是俄罗斯在委员会上敦促提高可捕获总量。俄罗斯渔民第一次真正刺激了过度捕捞的配额。正如我们在第一章看到的，挪威在 1992—1993 年间多次发现了俄罗斯的过度捕捞行为。俄罗斯接受挪威的指控，随后两国落实了伙伴关系，这为 20 世纪 90 年代引人瞩目的联合委员会的发展铺平了道路：这是委员会工作范畴的一个重要扩展。直到 20 世纪 90 年代初期，委员会在很大程度上参与了对可捕获总量、配额交换、最小网眼大小和鱼的长度问题的讨论。现在两国共同推出了一系列新的技术法规，并协调了许多现存监管措施（在第四章会对此进行讨论），委员会的多数工作由常任理事会负责，设立常任理事会是为了 1993 年初开始执行合作任务。在 1993 年末，常任理事会逐步变为委员会的永久"小组委员会"。常任理事会由国家渔业部门、执行机构、渔业科学代表组成，由挪威的渔业部门和在俄罗斯摩尔曼斯克的地方执行机关主导。常任理事会在联合委员会每次举行会议期间，也举行两到三次会议。1997 年，随着新的电子通信对交流技术的发展影响，挪威在驻莫斯科大使馆专设渔业大使（俄罗斯大使馆已经在挪威首都奥斯陆设立了此类大使），两国之间的交流得到进一步提升。最值得注意的是，挪威与俄罗斯两国间执法机关的直接交流很快扩展为日常交流。挪威与俄罗斯检查人员的年度联合研讨会在 1994 年被提出来。委员会本身仍是每年召开两次会议，双方共同举办一个会议（现在，该会议通常举办在两国的区域渔业重镇如摩尔曼斯克和特罗姆瑟）。代表团规模也在持续扩张：在 1999 年的委员会会议上，俄罗斯代表团包括约 50 名成员。俄罗斯渔业，包括几个在俄罗斯西北部的渔业公司的代表人数持续增加，值得一提的是，这一代表比例有所增加；俄罗斯地区政府也第一次作为代表出现在会议上。委员会的工作形式也发生了变化，越来越多的任务由工作小组完成，如科学研究、执行和渔业数据统计。虽然大多数工作小组的实质性讨论会发生在剩下的一周内，但是委员会全体会议仍将在第一天召开，所有要点都包含在议程里——包括双方各自的立场——进行简要介绍。这是一个"内部圈子"，由双方的高级官员组成，因为这些人员处理的是最重要的问题，特别是可捕获总量的设定，所以他们代表了一种高水平的工作小组。如果谈判进展困难，双方代表团团长会在只有翻译陪同的情况下，举行一对一会面。

从 20 世纪 90 年代初期到世纪之交的这几年，是联合委员会"最好的七年"。在此期间，鳕鱼资源空前高涨，两国之间的工作关系堪称典范。通常，俄罗斯都会接受挪威提出的一些新的管理措施。然而，1999 年 11 月，在摩尔曼斯克的会议上，一切突然发生了改变。"国际海洋考察理事会"（ICES）建议大幅降低可捕获总量，从 1999 年的 48 万吨，到 2000 年降低至 11 万吨。挪威方面已经准备好接受这一急剧降低的可捕获总量，但是俄罗斯方面声称"没有一条鱼可放弃"。更为糟糕的是，俄罗斯谴责挪威指导"国际海洋考察理事会"建议如此低的配额，损害了俄罗斯渔业。委员会在历史上第一次中断了谈判；直到挪威代表团离开摩尔曼斯克的前一晚才恢复了工作。代表团领导人大概是受到国内政客的一点推动，设法同意 2000 年的可捕获总量（TAC）为 39 万吨。

资源改善状况再一次比科学家们预想的要快，在 21 世纪初，鳕鱼的可捕获总量逐渐上涨至 60 万吨。2001—2003 年为期 3 年的配额，特别是从 2002 年起为鳕鱼和黑线鳕设置的新程序性规则致力于启用两国间新的协定，并且新的发明也显著改变了委员会的工作形式（在第四章将对此进一步描述）。以前，两国代表团领导人在委员会会议上的大部分时间用来探讨可捕获总量，但是，现在配额的设置问题更像是一个单纯的技术性议题，在会议召开的第一天或是第二天就可以得到解决。在挪威再度指控俄罗斯过度捕捞后，执法问题成为了 2000 年以来委员会的大问题。合作的氛围远不及"20 世纪 90 年代的好时光"热烈，出乎意料的是结果却不差，根据挪威渔业理事会的说法，俄罗斯在这个 10 年末期停止了过度捕捞的行为。在这 10 年里，两国在委员会最引人瞩目的包括警察、司法、海关和税务机关的制度变迁，反映了执行问题的优先性。俄罗斯渔业行业和地区政府在俄罗斯代表团中失去了许多它们在 20 世纪 90 年代享有的影响力。在世纪之交后，俄罗斯代表团缩减了人数。在 2000 年之后，每个利益方通常派 20~30 人的代表来参加委员会的会议。

委员会的代表人员具有高度的稳定性（尽管不断有新的机构被赋予委员会席位），尤其是在挪威方面，俄罗斯方面也是同样，只是与挪威相比稳定水平较低（俄罗斯代表团领导人员更换比挪威更频繁）。许多人代表各自国家在委员会上长达 10 年甚至更长。从双方各自高达 30 名代表成员，和相当数量的来自举办会议所在地的观察员与助手来看，委员会的全体会议是一个大事件。当工作小组会议紧随全体会议其后时，一个已经确立的对外部观察者来说相当具有吸引力的工作模式可以被观察到：当谈判步入僵局时，每个工作小组开始"向上"

联系"内部圈子",或者是当协议达成一致时,工作小组感觉到他们需要得到代表团领导的允准,"向下"至协定工作组。协定工作组由几个各自代表团成员和他们各自的翻译组成,然后决定如何在协议中阐述决定,这通常由代表团领导人认可(或修改)。在每一个工作日里,每个国家代表团都要举办至少一个会议,用以进行信息交换和对未来的决策进行观点测试。总的来说,当联合委员会被召集起来的时候,这大规模场地更让人联想起大型国际会议而不是实际上的传统双边会谈。

第四章 协议签署后在国家
层面上的讨价还价

早在 1991 年末苏联解体之时，俄罗斯西北部渔业部门就已经开始着手实施改革，引起更大的巨变。越来越多的俄罗斯渔船开始向其邻近的挪威运输捕捞物。最初这种活动只被看作是一种赚钱的机会，随着 20 世纪 90 年代间渔业公司在摩尔曼斯克的运输变得更加困难，这就成为必需的了。昔日苏联最大的鱼类加工厂——摩尔曼斯克渔业联合企业在短短几个月内沦为了摩尔曼斯克港口的一座"鬼城"。挪威当局对此事喜忧参半。一方面，大量的俄罗斯捕捞物直接拯救了众多挪威沿海的鱼类加工厂，这些工厂自 20 世纪 80 年代末资源危机以来就未恢复。而另一方面，他们怀疑，俄罗斯执法部门已无法掌控本国渔船究竟在巴伦支海捕运走了多少鱼。苏联早先对海滨的渔业运输施行配额管制——而如今俄罗斯当局早已失去了这一管控机会。正如我们会看到的，这促成了挪威和俄罗斯在巴伦支海渔业的执法合作，以及双边管理机制后续的进一步拓展。

本章将带领我们见识到后冷战时期相当混乱的挪威—俄罗斯的渔业关系（混乱是相对于冷战刚结束时的挪—俄关系而言，不是相对于其他渔业管理机制而言）。本章聚焦于这 20 年内两国渔业关系的最重大问题[1]，并关注于挪威先明确采取预防性立场后试图说服俄罗斯照着做的事务[2]。我们从挪威怀疑（通过后期的文献证实）俄罗斯 20 世纪 90 年代初期的过度捕捞，然后研究挪威和俄罗斯间执法合作。在 90 年代后半期，这一来自两个国家的执法部门间的新型伙伴关系扩大为技术管理措施的广泛协作，以及对新措施的联合引进。正如我们看到

---

① 自苏联解体以来，挪—俄渔业联合委员会工作中存在一个重大问题，在文中并未论及。大约在 1997 年，挪威海洋研究所的考察船首次被拒绝进入俄罗斯经济区。在随后几年中，挪威渔业部门一直努力（或在联合委员会中，或在与俄相关部门的频繁联系中）解决这一问题，但却没多大进展。双方还为此在协定签署后进行了多次讨价还价，但这次俄罗斯渔业部门一开始就支持挪威方的要求。而问题则集中在俄罗斯国内，其北方舰队（俄罗斯联邦最大的海军舰队，位于科拉半岛）才是主要障碍。据称，俄罗斯环境部门也对挪威的要求表示反对。由此推测，其根本原因是由于俄罗斯当局内部的权力争斗。细节请参见荷内兰德（Hønneland）（2004，第 58 – 61 页）。

② 正如第一章中所提到的，我并没有说挪威所提的巴伦支海渔业政策一定比俄罗斯提出的"好"。但是，挪威更为公开地声明了支持负责任的渔业管理的当代国际标准，如预警措施，同时也表明了其对巴伦支海具体管理措施的提议都符合这些标准。我们会在本章中谈到这点。

的那样，到目前为止一切都还不错：在 20 世纪 90 年代，挪威渔业管理部门频繁提出新的管理措施——俄罗斯例行接受。然而，在新千年之际，俄罗斯态度突变：挪威的巴伦支海倡议被斥为是出于危害俄罗斯而发起的，大部分遭到了拒绝；至少，俄罗斯渔业管理系统的代表们是这么告诉俄罗斯公众的。虽然如此，挪威和俄罗斯两国仍有可能就若干问题特别是可捕获总量的设定问题达成妥协。

　　这些事件会在下文中详细阐述。在此我首先按时间顺序陈述各主题案例。这主要是以挪威—俄罗斯渔业联合委员会的视角对这些事件所作的解释，尽管我也简要地探讨了现实陈述是否有效合理的问题，比如：俄罗斯在 20 世纪 90 年代初期的捕捞过度真的消除了吗？21 世纪最初 10 年间可捕获总量和预警措施保持一致了吗？在此我并不对科学性建议、已设定的可捕获总量制度以及每年的实际捕获做全面的概述（参见 Hønneland，2006；Stokke，2010a，即将发表），而是对更多发生在 20 世纪 90 年代和 21 世纪最初 10 年的重要事件集中做分段阐述。我的目的不是记录挪—俄渔业联合委员会的历史，而是为了介绍协议签署后的讨价还价最普遍的案例。

　　下一小节将探讨讨价还价的动态。这里的重点不在于结果，而是产生这些结果的过程。挪威采取什么形式的谈判？俄罗斯如何看待挪威的倡议？最后一小节用来探究挪威倡议的效果①。

　　正如第一章中所阐释的，若想要探讨对俄罗斯在巴伦支海的捕鱼行为进行协定签署后的讨价还价有何效果，就无可避免地触及这样一个"重大问题"——什么决定了一个国家的外交政策？例如，当俄罗斯决定附和挪威基于国际公认的预警措施而发出的倡议时，它是否是衡量了自身的最佳利益及行为而作出的举措呢？它听从了挪威的劝告吗？若确实如此，哪个行为体被说服站在俄罗斯一边呢？是更高层次的政治集团，还是诸如科学或执法部门这类次集团？还是挪—俄管理机制中负责管理措施机构的重要人物呢？抑或挪俄双方间管理的一个综合协定（虽然从资源管理的角度来说，双方都有自己预设的成果）？实则一种说法并不排斥其他的说法，同样的经验数据可以用来论证不同的

---

　　①　正如第一章中所提到的，本章的实证材料主要是来自于挪—俄渔业联合委员会及其常委会的协议，和我个人参与挪威海岸警卫队、联合委员会及其常委会观察所得的结论。我的访谈也应用在联合委员会 30 周年的一本出版物中（Hønneland，2006），还应用在一个有关俄罗斯渔业科学学术争论的研究项目中（Aasjord and Hønneland，2008），还特别应用在本书中。文中仅对自协议和观察所得以外的直接引用及数据注明了出处。摘自联合委员会会议议定书的片段意在让读者了解到，委员会自身是如何看待各类问题的。本章的前两部分篇幅较短，参考了 Hønneland 所著（2000c），关于配额结算的部分主要也是 Hønneland 所著（2003），关于科学方法的部分是参考了 Aasjord 和 Hønneland（2008）。

假设。我的论证起点（参见第一章中"研究方法"一节）就是我们不可能"走进人们的思想深处"（更不必说走进国家的思想深处了）并报告他们的"真实动机"。我们能做的最好的事便是基于可靠的活动信息，批判性地思考各种可能的解释。我不把自己定位到任一理论流派，因此非常开放，能够将国家视为更加复杂的实体，而非理性、单一的行为体（再次，参见第一章）。

最后，尽管我在本章末偶尔会提出若干理论问题，但理论方面的讨论主要还是保留到第六章再进行。

一、20 世纪 90 年代初期渔业的过度捕捞

在 1992 年，新俄罗斯联邦政府正大刀阔斧地实施经济改革，俄罗斯西北部渔民也向挪威鱼类加工厂运输更多捕捞物。同时挪威渔业管理人员开始怀疑，他们的俄罗斯同行已无法掌控其国渔民在巴伦支海捕鱼量了。一方面，俄方执法部门已告知挪威方面：对配额控制的首要来源是（捕捞后）上岸的鱼量。这些鱼被运上岸后，执法部门便会检查运来的鱼是否与先前渔船用无线电汇报的、在捕捞日志上记录的数量一致（其实，很少有检查员实行实物检查）。既然大部分俄罗斯渔民捕捞的鱼被运往境外，那俄方执法部门又如何掌控这些捕捞的真实数量呢？此外，据挪威海岸警卫队透露，他们通过收听俄罗斯的捕捞报告（这些报告通过"公开"的无线电网一天播报两次），发现俄罗斯渔民日常汇报时会报极低的捕捞量（一般每网捕捞量少报 0.1 吨或 0.2 吨）。挪威的检查员可能会在收到无线电汇报后迅速登上渔船，这时他们往往会发现实际上最后几网的捕获量比先前汇报的多出好几倍，经常是一两吨，有时甚至更多。这类渔船并不违反挪威法律，因为其真实的捕获量会如实记在捕捞日志中（当时，真实的账簿会放在渔船的驾驶台）。但是如果渔船不开往俄罗斯的港口，捕捞日志就不需要出示给俄罗斯执法部门检查。这又加重了挪威方的怀疑，俄罗斯执法部门已无法掌控其国渔民在巴伦支海的捕捞量。俄部门配额计算又是否是基于渔民通过无线电向其报告缩水后的数据呢？

这使得挪威渔业部门在 1992 年那年开始设法计算俄罗斯在巴伦支海的捕鱼总量，而不是像往常那样仅仅计算他们在挪威海域捕鱼量。挪威方有一个可资利用的重要信息源，那就是俄罗斯渔民的捕捞日志。尽管挪威检查员偶尔可能会发现俄罗斯渔船捕捞量出现低报的情形（通常极少），捕捞日志还是被普遍看作是一个有效的信息源：多数对渔船货舱的实体检查并未发现渔船实际捕捞量和日志记录捕捞量不一致。想获得线索就需在检查时系统地审阅捕捞日志中从

年初开始的所有信息，包括捕自俄罗斯专属经济区和灰色地带的捕捞物，有时挪方通常不在意这些数据，因为负责执法的是俄方部门。由于大多数俄罗斯渔船会在挪威海域连续停泊整周，有时甚至数月，所以如果挪威海岸警卫队能设法在这一年连续登陆大多数俄方渔船检查捕捞量，那么挪威就能精准计算出这一年以来到检查时刻点的每艘俄罗斯渔船的捕捞量。

所以到 1992 年 11 月时，挪—俄渔业联合委员会召开一次年度会议，结论很清晰：据挪方估算，俄罗斯实际捕捞的鳕鱼比配额多了不止 10 万吨。这一估算得到出口统计的支持，统计表明相当于俄罗斯在巴伦支海全部配额的鳕鱼出口到了挪威，同时相当数量的鳕鱼也运到了其他西方国家，另有一部分运往了摩尔曼斯克。俄罗斯该年的鳕鱼配额是 17 万吨，由此估算出的过度捕捞量是相当惊人的——将近有 60%。

在挪—俄渔业联合委员会的年会中，两国代表团的首脑联合提议，双方执法部门成立一个工作组，共谋两国执法部门间的合作。会议议定书如是陈述，"双方愿意组建一个由精通渔业法规、立法、统计和管理的各路专家组成的工作组，其将在 1993 年的第一季度呈交关于具体合作措施的提议"[1]。在此次议定书中并没有明确定义"捕捞过度"，仍旧是作为一个模糊概念。但专家组在 1993年 5 月呈交了提议，联合委员会为此召开了一次特别会议，唯一的议题就是捕捞过度和与工作组提议相关的问题。此次会议的议定书中明确提及了捕捞过度："双方注意到，巴伦支海的鳕鱼很可能已经严重捕捞过度……（而且）也都一致同意要……尽快查明捕捞过度的程度并交换双方调查所得的数据。"[2]

1993 年春，专家组在挪威和俄罗斯与会数次，而后一共呈交了 18 项具体提议，其涵盖了立法（2 项）、信息（5 项）、管理（9 项）和 2 项其他内容，大部分都适用于信息和程序的交换和协调。1993 年 6 月，两国渔业联合委员会在会议上所达成的议定书中对专家组的工作和提议作了如下评价：

挪俄双方对于专家组资源合作管理的工作都表示满意。在 5 月 29 日的议定书中所作的提议……被认为大有帮助……双方就这些提议的长远实施问题展开讨论。双方一致同意，两国的执法部门将采取加强海上执法力度和与捕捞物运输上岸相关的措施。双方还达成协定，为两国执法部门直接联络建立常规程序，

---

① Protokoll for den 21. sesjon i Den blandete norsk – russiske fiskerikommisjon，（note 2）奥斯陆：渔业部，1992，第 11 款第 2 条。

② Supplement til protokoll for den 21. Sesjon i Den blandete norsk – russiske fiskerikommisjon，（note 3）奥斯陆：渔业部，1993，第 3 款。

用于交换信息，还涉及其他各事务的实际执行程序，以便使合作双方的执法更加有效。两国执法部门将于1993年6月15日至16日在希尔克内斯（挪威）举行首次会议。关于在双方渔船上互设观察员的提议，两国计划在挪威召开的海岸警卫队研讨会上商讨，同时也会就统一执法程序的提议进行深入探讨。此外，双方一致同意筹备两国人员陪同渔船，用以在渔场开放和关闭时的联络。

根据专家组的提议，挪威执法部门将要求俄罗斯渔船出示渔港许可证。若无法出示此类证件，挪方就会向俄方渔业部门汇报……

双方一致同意，要努力制定一套统一的换算因数①体系供所有在巴伦支海捕鱼的渔民使用。

双方一致同意，挪方当局向俄方传送俄罗斯渔船在挪威港口的登陆数据。②

双方一致同意，有必要在两国的官方贸易组织间建立直接联系，以便能通过该组织对运往挪威的俄罗斯捕捞物进行交易。

此外，双方还一致同意，每周交换捕捞日志文本和相关检查信息。

双方计划利用现代信息技术制定一套数据交换体系。具体细节将由两国专家阐明。

双方还一致同意，定期交换关乎现行利益的全部法律法规文件，从而增进对双方渔业管理体系的理解，实现在某些领域内法规的协调统一。③

因此，双方一致同意，采取措施促使各执法部门间直接联系，并交换法律文件、观察员和捕捞数据。双方还筹划了更具雄心的倡议，例如详细制定鱼类产品的统一换算因数。此外，在两国渔业联合委员会首次提出执法问题6个月后，双方就一些具体的合作执法措施也达成了一致。例如，挪威执法部门将立即开始向他们的俄方伙伴传送俄方渔船在挪威的登陆数据，同时挪威海岸警卫队也将着手检查俄罗斯渔船的渔业许可证（赋予船长捕鱼权限）以及港口许可证（赋予船只捕鱼权限）。

1993年9月，首次挪威—俄罗斯海岸警卫队联合研讨会在挪威海岸警卫队北部基地苏特兰（Sortland）举行。两位挪威内阁大臣——渔业大臣和国防大臣

---

① 一个能通过鱼品的重量计算出整条鱼的重量的因数。

② 挪俄渔业联委会早在一年前就提出了该项措施，但直至专家组在1993年春完成调查后似乎才得以实施；Supplement til protokoll for den 20. Sesjon i Den blandete norsk - russiske fiskerikommisjon，奥斯陆：渔业部，1992，第5款。

③ Supplement til protokoll for den 21. Sesjon i Den blandete norsk - russiske fiskerikommisjon，奥斯陆：渔业部，1993，第5款。

出席此次会议，强调了挪方和俄方联合执法的政治意义。1993 年 11 月，两国渔业联合委员会后续会议的议定书中便提到了双方执法部门间的合作，内容如下：

> 根据挪俄渔业联合委员会第 21 次会议所达成的补充协议，海岸警卫队研讨会成功在苏特兰举行，两国执法部门代表们在会上探讨了执法程序的改善以及未来合作事宜，对此双方颇为满意。双方认为，挪俄执法部门现已建立了信息交换的程序。
>
> 双方表示，对当前传送俄罗斯渔船在挪威港口的登陆数据这一体系运作相当满意。
>
> 双方表示，通过执法部门间的合作，两国更加有效地管控了其资源和法规，成效颇丰。
>
> 双方还表示，现代通信设备安装后，两国的执法活动有了实质性改善。①

此后几年，挪俄渔业联合委员会称其执法合作是一项巨大成就，视之为他国将竞相效仿的典范。②毋庸置疑，此次合作就双方达成"齐力共举"而言确实是很成功的。然而，法规措施的制定和实施并不意味着问题解决了。1992 年的过度捕捞事件可以归咎于对俄罗斯渔民新的激励机制。渔民们把捕捞物运出国时可能会报低捕捞量：也只有在当时他们这么做才会有利可图。苏联的计划经济体制下，苏联当局不得不催促渔民完成政府的计划，而不是费力阻止他们超出配额过度捕捞。由于商品较购买力而言相当稀缺，所以仅有的金钱奖励并不足以诱惑渔民过度捕捞。而正因为有了把捕捞物运出国这一机会，突然间捕捞得越多就意味着获利越多——甚至捕捞超出配额限定的量——前提是，实际捕捞和谎报之差可以化为金钱直接揣入船长或渔民自己的钱袋里。谎报捕鱼量瞬间成为了一件颇具诱惑之事。俄罗斯现行的执法制度被证实是欠妥的，不仅因为其缺乏关于渔船所运的捕捞物的信息，还因为其无法改变当前的激励措施以使渔民在法律限定范围内活动。原先基于文件来管控港口的旧体系或许适用于苏联时期，但攫取资源的诱惑会使这种强制性措施（包括实物检查）成为必需。而现今随着这般利益诱惑的出现，旧体系的缺陷暴露无遗。其执法问题的核心

---

① Protokoll for den 22. sesjon i Den blandete norsk – russiske fiskerikommisjon, 奥斯陆：渔业部，1993，第 11 款第 2 条。

② 例如，参见 1995 年和 1996 年挪俄渔业联委会议定书："双方注意到，挪俄之间执法合作的方式是他国将竞相效仿的典范。" Protokoll for den 24. sesjon i Den blandete norsk – russiske fiskerikommisjon, 奥斯陆：渔业部，1995，第 11 款第 2 条；Protokoll for den 25. sesjon i Den blandete norsk – russiske fiskerikommisjon, 奥斯陆：渔业部，1996，第 11 款第 2 条。

不仅在于捕捞数据避开了俄罗斯执法部门的耳目；更重要的是缺乏适当的社会机制以劝导渔民恪守法律底线。

挪俄执法部门间的合作有助于俄罗斯当局获取本国渔船在挪威海域和港口活动的信息。俄罗斯渔民从此再也不能向本国的执法部门提交捕捞物种和数量的虚假汇报了，因为这样做会被发现。① 但这能代表当前执法制度足够适用于现今的新环境吗？正如上文所述，就获取信息本身而言并不足以确保渔民的行为都奉公守法。采取强制性措施必须依据于对违法事件实施制裁的能力。俄罗斯在 20 世纪 90 年代是否确实这么做了，这很大程度上仍是个见仁见智的问题。事实上，我们可以怀疑，渔民们是否真的惧怕俄罗斯执法部门的强硬手段：当那些俄罗斯船主、船长和船员憧憬着国外那笔对本国来说相当丰厚的报酬时，仅处以适度罚款到底能起多少威慑作用呢？但总而言之，挪俄执法部门间交换捕捞数据这一做法，是采取一系列必要措施以避免捕捞过度的重要一环。

事实上 1992 年之后捕捞过度的程度并不太确定。官方数据并未表明在随后几年里有任何大量捕捞过度的迹象，但在 1992 年的数据中也同样看不出有任何迹象。② 若不是挪威海岸警卫队计算了俄罗斯渔船从年初的全部捕捞量（含俄罗斯专属经济区和灰色地带的），否则当年俄罗斯渔船的过度捕捞就无法被公告天下。而在 20 世纪 90 年代其余的年份却没有再采取类似的计算，双方似乎都认为过度捕捞的问题已经迎刃而解了。更有甚者认为，挪威当局对开展与俄罗斯的执法合作更有兴趣，视之为一项成功的联合倡议，因此宁可避免在未来几年运用这种计算。更有可能的解释是，挪威方确实认为两国执法部门间交换的数据印证了捕捞过度现象确确实实已经消除。可以说，挪俄渔业合作常委会近年来的良好合作氛围成功促成了这一点（参见下文"讨价还价动态"一节）；挪威方并不质疑俄方合作伙伴的好意或其行政管理能力。另一方面，在 20 世纪 90 年代后半期鳕鱼的可捕获总量居高不下，以至于过度捕捞几乎没有"必要"，也许凭目前的捕捞能力甚至都是不可能的。

二、20 世纪 90 年代技术法规的实施与协调

在 1992 年 11 月召开的会议上，两国渔业联合委员会一致同意设立一个常设

---

① 这是挪威当时的一种假设。正如我们在下文所见的，我们有理由相信，俄罗斯从未在其配额管制中使用过挪威所提交的信息。

② 这是来自国际海洋考察理事会（被誉为关于东北大西洋渔民的最可靠信息来源）的捕捞数据，这些数据是基于俄罗斯的官方报告，而非通过挪威海岸警卫队的计算所得。然而，国际海洋考察理事会随后对捕捞过度量作出估计：1992 年为 13 万吨，1991 年和 1993 年为 5 万吨，1990 年和 1994 年则为 2.5 万吨。

委员会，以便能在第一时间与会讨论管理与执法议题。该常设委员会的前身是专家组，其事先起草了执法合作的提案，而后演变为挪威—俄罗斯渔业部门管理执法合作常设委员会，或简称常委会。其中，挪威代表团主要是由渔业理事会的代表们组成的，不过海岸警卫队在其中也分有一席之地以利于从专家组到常委会的过渡。另一边，俄罗斯代表团则主要由摩尔曼斯克的地区执法管理部门的人员主导，也包括了海洋科考人员。①

常委会在1994年至新千年之间的活动内容可以分为三大类：第一，讨论当前两国渔业管理执法实践中的问题；第二，管理两国人员（检查员和观察员）交流与数据交换事宜；第三，执行渔业联合委员会分配给常委会的综合性任务。最为重要的是，两国渔业部门在常委会会议上能够讨论当前或紧急的利益问题，这比通过日常函件讨论更加深入。例如，俄方部门经常会要求挪威海岸警卫队就其对待俄罗斯渔民时适用的挪威法规及执法程序予以说明。同样，在常委会会议上，有关双方国家立法、管理计划和程序的现行信息也被列入了议程。最后，常委会还可以用来讨论紧急问题，比如1999年巴伦支海捕捞物中的大规模幼鱼混杂的紧急情况。

双方数据和人员的交换及交流既是专家组在1993年贡献的一大提议，也是常委会随后几年中关注的重点。不久后便确立实施了交换捕捞量、上岸数据的相关程序及实际安排，并顺利运行。另一项有效的措施是：俄罗斯检查员以观察员的身份参与由挪威渔业理事会停靠挪威港口的俄方船只的检查。1995年，双方同意开始互相交流海上检查员。为两国执法官员召开的联合研讨会自1993年起每年组织一次，在苏特兰的挪威海岸警卫队基地以及摩尔曼斯克这两地间轮流举行。召开研讨会的意义就在于为双方探讨当前问题提供机会，同时也主要关注于海上和港口的实际检查工作。

除了对交换方案的管理和对紧急问题的讨论，常委会还代表联合委员会实施了有关渔业技术管理的重大项目。在最初的几年中，常委会聚焦于挪俄两国现行管理措施的协调上。在双方合作的第一个10年末，常委会把目光直接移到了联合实施新措施上。当前一大任务就是对捕自巴伦支海的鱼类产品详细制定换算因数。正如上文所述，早在1993年专家组就提议制定统一的换算因数体系。在1993年11月委员会召开时，双方同意"有必要详细制定一套统一的换算因数

---

① 挪威邀请海洋科学家临时参与其中，但并非是挪俄渔业联委会的永久成员。

体系，这一问题须在挪俄渔业部门间管理执法（合作）常委会中讨论。"①因此常委会成立了工作组来考察这个问题。工作组认为，双方已共享了一些换算因数；其中有的差别甚微；有的却大相径庭。1994 年，联合委员会要求常委会"继续查明导致换算因数相异的背后原因，并参与对方调查巡航，制定出测量方法，从而能修订并最终运行统一换算因数。"② 1995 年，常委会组织了两次联合调查巡航，而后确定双方应该能达成一致了。同年 11 月，联合委员会要求常委会提出一套统一的换算因数制度及其实施的共同方法。1996 年，双方就该实施方法达成了一致。联合委员会表示"对（常委会）的工作颇为满意"，③ 还说将会"在未来制定换算因数时运用该方法。"④ 具体的测量方法说明最终由常委会确定，1997 年联合委员会将其适用于巴伦支海渔业。不久后，统一的换算因数落实到了所有巴伦支海的主要鱼种上。

常委会面临的第二项重大任务是详细制定出渔场开放与关闭的统一程序。这种管理措施广泛应用于巴伦支海的挪威和俄罗斯专属区域内，但先前两国应用的程序大相径庭。简而言之：俄罗斯用的程序比挪威的更加灵活，因此渔民们对挪威海域内采用的系统极为不满。在俄罗斯，某个渔场的预先关闭是可以由个别的检查员决定的，然而在挪威，只有渔业理事会才有该项决策权。此外，俄罗斯比挪威更倾向于关闭较小的渔场，而且在某个渔场关闭后有更为灵活的后续测试性的捕捞。在 1997 年 9 月召开的常委会会议上，挪威代表团要求俄方就其应用的渔场开关制度做一个简要说明。联合委员会在 1998 年 6 月后续会议期间要求常委会提出渔场开关的新标准。同年 9 月，常委会起草了新标准的详细说明。到 11 月，两国渔业联合委员会决定将其投入试运行。1999 年 5 月，常委会提出了若干微小修改，此后其主要框架便正式投入运作。这一新体系为挪威渔场开关程序注入了更多灵活性，这得益于其在俄罗斯海域成功运作的宝贵经验。同时，新体系使船队更具可预测性；例如，鉴于当前挪威的渔场开闭制度与俄罗斯的相一致，俄罗斯渔民更容易理解挪威的系统。最后需要提及的是，常委会还致力于挪俄两国各类渔业数据的标准化。

---

① Protokoll for den 22. sesjon i Den blandete norsk–russiske fiskerikommisjon，奥斯陆：渔业部，1993，第 11 款第 3 条。

② Protokoll fra den 23. sesjon i Den blandete norsk–russiske fiskerikommisjon，奥斯陆：渔业部，1994，第 11 款第 3 条。

③ Protokoll for den 25. sesjon i Den blandete norsk–russiske fiskerikommisjon，奥斯陆：渔业部，1996，第 11 款第 3 条。

④ Protokoll for den 25. sesjon i Den blandete norsk–russiske fiskerikommisjon，奥斯陆：渔业部，1996，第 11 款第 3 条。

除了为协调挪俄两国间的法规实务作出巨大成就外，常委会还为新的管理措施铺平道路，特别是在鳕鱼渔业采用分离栅，还通过卫星通信追踪巴伦支海的渔船。在 1994 年 9 月召开的常委会会议上，双方互相通告正在进行的分离栅实验的进展，同时，挪俄渔业联合委员会表示，分离栅技术的相关测试已被证实前景极佳。1995 年挪俄合作实验取得了可喜成果，联合委员会于该年 11 月一致同意在巴伦支海的特定区域内对鳕鱼捕捞采用分离栅，自 1997 年 1 月起正式实施。常委会成功完成了合作实验，并把国家项目转化成测试结果，不仅为两国双方管控分离栅提供了一套指示说明，而且发挥了论坛的功效，促使双方共享使用分离栅的经验。

1996 年 9 月，常委会会议首次将通过卫星监视定位追踪渔船列入议程，双方在会上互相告知了各自的国家卫星定位追踪项目。一年后，联合委员会要求常委会评估两国合作在巴伦支海卫星定位追踪项目合作的可能性。常委会的双方一如既往地交换卫星定位追踪系统的国家计划，到 1998 年 11 月，联合委员会要求常委会起草计划制定两国在巴伦支海渔业中的卫星定位追踪倡议。在 1999 年 5 月召开的常委会会议上，双方同意将由挪俄两国的卫星定位追踪专家出席的首次单个会议列入日程。经过专家们以及常委会内部为期一年的集中会议活动，强制性的卫星定位追踪系统自 2001 年起在整片巴伦支海域投入使用。这标志着挪俄两国间长达近 10 年的大规模法规实务协调及全新措施的引进告一段落。双方最紧迫的挑战可以说都已被处理，但正如我们将会在下文"讨价还价动态"一节所见的——挪俄两国间的气氛也随着新世纪序幕的拉开而发生变化。

三、新千年之际的预警措施与配额结算

在 20 世纪 90 年代后半期，巴伦支海的鳕鱼配额创下历史新高，可捕获总量从 1990 年的最低值 16 万吨逐步增长，至 1997 年达到了 85 万吨的高点。而当时的海洋科学家们怀疑，他们的科学模型高估了鱼群规模，因而将其对鱼群总量的估计值降低了 20 万吨。在随后两年中，鳕鱼的可捕获总量分别缩减至 65.4 万吨和 48 万吨。

与此同时，国际海洋考察理事会和挪俄渔业联合委员会都采取了预警的方法。20 世纪 80 年代，诸多区域环境协议中都涵盖了这一原则，而后又在全球层

面广泛运用，并于 1992 年被写入《里约宣言》：① "为了保护环境，各国应据本国的能力，广泛运用预警措施。遇有严重或不可逆转损害的威胁时，不得以缺乏充分的科学确定性为理由，延迟采取符合成本收益的措施防止环境恶化。"②

之后，这一预警措施又被写入了有关渔业管理的国际协议中，值得一提的是 1995 年联合国粮食及农业组织（FAO）通过的《负责任渔业行为守则》③ 和同年的《联合国鱼类种群协定》④。后者声明，各国应广泛适用预警措施，还写道："各国在信息并不确定、可靠、充分时应该更保持谨慎。不能以缺乏充分的科学信息为理由，延迟或拒不采取保护和管理措施。"⑤因此，预警措施的本质在于，不能以缺乏科学知识为由不采取管理措施防止环境恶化和公共资源消耗。⑥然而人们曾一度认为，只有当人们十分肯定环境或资源基础如果没有这种干预会遭受巨大威胁时，采取这类预警措施才是合理的，但这其实在采取预警措施时将举证责任本末倒置了，应该只有在充分的科学确定性下证实预警措施并无必要时，才可延迟或省略这些措施。

联合国粮农组织通过的《负责任渔业行为守则》和《联合国鱼类种群协定》都将特定的鱼种参考点视为渔业管理中处理风险及不明事件的工具。后者把预防性参考点定义为 "一个通过各方同意的科学程序取得的估计数值，其符合当前资源和渔业的状况，可用于指导渔业管理"⑦。参考点可以分为两类：限制参考点和目标参考点。前者设定了可接受的绝对限制，后者设定了追求的管理目

---

① 它也被纳入了在里约签署的一些全球新环保条约中，例如《生物多样性公约》和《联合国气候变化框架公约》；参见安德森（Andresen）等（2012）。

② 《里约环境与发展宣言》，里约热内卢，1992 年 6 月 16 日，《国际法学资料》（International Legal Materials）31：874，第 15 款。

③ 《负责任渔业行为守则》，签署于罗马，1995 年 9 月 28 日，罗马：联合国粮食及农业组织。

④ 《执行 1982 年 12 月 10 日 <联合国海洋法公约 > 有关养护和管理跨界类种群和高度洄游鱼类种群的规定的协定》，纽约，1995 年 8 月 4 日，《国际法学资料》，1547 - 1580。

⑤ 《执行 1982 年 12 月 10 日 <联合国海洋法公约 > 有关养护和管理跨界类种群和高度洄游鱼类种群的规定的协定》，纽约，1995 年 8 月 4 日，《国际法学资料》，第 6 款第 2 条。

⑥ 起初在渔业圈内对风险预防原则有诸多怀疑。正如加西亚（Garcia）（1994，第 100 页）写道："该原则的广泛适用将会使海洋生物资源保护的事态大为好转，还将提供一种契机提升渔业管理水平并确保渔业可持续发展。但是，若将其应用到渔业时不慎泛化，那将会导致渔业的经济与社会混乱。"因此，联合国粮农组织开始提倡渔业管理的预警方法（approach），以替代预警原则（principle），就像国际环境保护法那样。预警方法可以说是预警原则的一种较宽松的变量，可以更灵活地采取预警措施。休伊森（Hewison，1996，第 320 页）称，渔业管理的预警方法需包含对鱼群生物量的最低估计，这是一种基于科学又经科学验证的管理体系，一套公开透明并由利益相关者（包括非政府环保组织）参与的决策程序，也是一种确保渔民遵守的机制。加西亚（1994，第 120 页）指出了如下步骤：提高"非渔业资源使用者"的参与度，优化决策程序，加强监督、管理和监控，同时将处罚提升至威慑程度。

⑦ 《执行 1982 年 12 月 10 日 <联合国海洋法公约 > 有关养护和管理跨界类种群和高度洄游鱼类种群的规定的协定》，纽约，1995 年 8 月 4 日，《国际法学资料》，附件二，第一段。

标。人们希望通过管理战略，力图使鱼量维持或恢复至彼此认同的目标参考点的水平，同时在采取参考点时具备相应的措施。渔业管理系统应该制定一个目标，即使随时间变迁，平均起来也不超过目标参考点。预防性参考目标通常是为产卵量以及捕捞死亡率而设定的，捕捞死亡份额包括因自然原因或人为捕捞而死亡的鱼群的份额。

1996 年，国际海洋考察理事会开始为大西洋东北部的商业捕捞鱼群详细制定参考点。两年后又为北极东北部的鳕鱼群制定了参考点：产卵量的目标参考点设定为 50 万吨，限制参考点则为 11.2 万吨（这是近 53 年以来的最低值）。捕捞死亡率的目标参考点设定为 0.42，限制参考点则为 0.70。

这意味着，平均而言，只有在若干年中鱼群产卵量超过 50 万吨且捕捞死亡率低于 0.42 时，对北极东北部鳕鱼的管理才符合预警措施。倘若产卵量低于 11.2 万吨，或捕捞死亡率达到 0.70，那么危机将会降临。

在挪威，预警措施作为官方渔业政策写入 1997 年的白皮书中[①]；而在俄罗斯，这一原则尚未纳入渔业立法或政策文件中[②]。联合委员会之前也同样没有明确采取预警措施，但在新千年之际，它开始通过国际海洋考察理事会的建议和技术术语，而逐渐采取了这一措施。联合委员会在 1997 年会议的议定书中提到：

双方同意有必要提出长期战略，管理巴伦支海的共有鱼群。双方同意设定鳕鱼的年度总配额，从而使产卵量保持在 50 万吨以上，同时使来年的捕捞死亡率降至 0.46 以下，直至该战略适用于鳕鱼管理[③]。

上述段落的文字还出现在 1998 年会议的议定书里，其中特别规定了，最晚至 2001 年，捕捞死亡率要降至 0.46 以下。在 1999 年会议的议定书里，旧的技术术语 F_{med}（安全的捕捞死亡率的生物限制点）被 F_{pa}（预防性的捕捞死亡率参

---

① St. meld. nr. 51（1997—1998）Perspektiver på norsk fiskerinaring，奥斯陆：挪威议会，1997。

② 参见 Hønneland（2004，2005）和乔根森（Jørgensen，2009）对俄罗斯渔业立法的概述。《2004 年联邦渔业法案》将"保护与合理使用"水生生物资源定为俄罗斯渔业管理的主要目标。这一概念广泛适用于苏联的环境保护和自然资源开发立法中，直至俄罗斯联邦仍在适用。"理性使用"可能往往比"保护"更占上风，但这一概念与国际公认的可持续理念有异曲同工之处，其强调的是长期并可持续使用资源，科学界出于社会经济目的对此极为推崇。预警方法并未纳入俄罗斯渔业法规，似乎其在俄罗斯渔业圈没有太高的地位，因为当地人多数认为这是西方人的发明。有些人甚至称这是西方为了危害俄罗斯而发明的。2007 年 12 月，俄联邦 VNI-RO 研究所主任在莫斯科接受我们的采访时说道，《1995 年联合国鱼类种群协定》将预警方法纳入了国际渔业法，是"由绿色和平组织所写入，并由美国中央情报局出资"，该协定的目的是为了把预警措施强加于俄罗斯，以便西方壮大水产业从而垄断全球鱼市。

③ Protokoll for den 26. sesjon i Den blandete norsk - russiske fiskerikommisjon，奥斯陆：渔业部，1997，第 2 页。

考点，如：目标）所取代，同时，目标捕捞死亡率从 0.46 降至 0.42，这与国际海洋考察理事会的预防性建议保持一致。在 2000 年，挪俄渔业联合委员会要求国际海洋考察理事会根据近 30～40 年来鳕鱼群的动态，重新考虑产卵种群的预防性参考点。早在几个月前，俄罗斯信函中也单方面向国际海洋考察理事会要求了这点。尽管这份信函的内容意在促使科学机构"重新考虑"参考点，但很显然，俄罗斯政府和挪俄渔业联合委员会实际上都要求降低参考点。在 2001 年，国际海洋考察理事会答应了这份请求，把产卵种群的目标参考点降至 46 万吨，但同时把限制参考点增至 22 万吨。此外，还把捕捞死亡率的目标参考点降至 0.40，这意味着预防的要求变得更为严苛了。另一方面，其限制参考点增至 0.74，由此捕捞空间也相应更大。

现在让我们回顾一下挪俄渔业联合委员会对可捕获总量的设定。我们已经知道 1998 年和 1999 年的配额呈现明显的下滑趋势，但从挪俄两国渔业产业的角度来看，配额仍处于合理水平。1999 年秋，国际海洋考察理事会发出警告：他们的科学模型显示出对巴伦支海鳕鱼群规模的超高估算，而且当前鱼群量已降到了警戒线水平。产卵鱼种的数量已跌至 22.2 万吨，还不及目标参考点的一半，才刚接近限制参考点（其实才达到两年后设定的限制性参考点，透露出鱼群所处的状况极其危急）。从外部来看，现在就是采取预警措施的最佳时机了。国际海洋考察理事会在 2000 年给出的可捕获总量的初步建议——力图在 3 年内将产卵鱼群恢复至可接受的层次——11 万吨，比 1999 年的配额少了近 5 倍。挪俄渔业联合委员会的实际配额高达 39 万吨，比理事会科学建议的多了近 4 倍。下文出自于该届会议的议定书：

挪威方表示，鉴于对鱼群的现有评估以及国际海洋考察理事会的建议，当前的鳕鱼配额确实异常之高。考虑到俄罗斯西北部的鱼群所处的艰难状况……但挪威还是认为有可能达成该协定[①]。

很显然，挪俄渔业联合委员会却并未把这警戒当回事，这令挪威方很失望。

---

① Protokoll for den 28. sesjon i Den blandete norsk‑russiske fiskerikommisjon，奥斯陆：渔业部，1999，第 5 款第 1 条。挪威以所谓的"俄罗斯西北部人群所处的艰难状况"来为超高的可捕获总量辩护，对此我们并不作进一步探讨。请参见 Hønneland（2003，第 78－81 页）所作的论证：挪威渔业部门可利用当时挪威广为流传的关于俄罗斯西北部的"灾难之言"，企图使其不善的渔业管理合法化。挪威媒体将俄罗斯西北部描绘成一副穷困潦倒的样貌，但事实上那是俄联邦最富饶的地域之一。此外，超高的可捕获总量总体上并不会惠及俄罗斯整个国家，也不会惠及俄罗斯西北部人群，因为几乎所有鳕鱼都被运输至国外了。简而言之，这只会让俄罗斯西北部的富人变得更富有。

相关细节将会在下文"讨价还价动态"一节中详细阐述。

翌年，联合委员会做出了意外之举：设定了未来 3 年的可捕获总量。这一配额比 2000 年的（39.5 万吨）略高，适用于 2001 年、2002 年、2003 这 3 年，除非鱼群状况变得出奇的差（这时可以降低可捕获总量），或者产卵量和捕捞死亡率的预防性（目标）参考点在 2003 年年底前已达标（这时可以增加可捕获总量）。这 3 年的方案显然意在提供更大的可预测性。挪威和俄罗斯的渔业因此有了更好的机会为不久的将来制定计划，那些为鳕鱼群的健康状况忧心忡忡的人也得到了保证：除非管理目标得以实现，否则可捕获总量不会进一步增加。然而，根据预警措施的标准看来，人们的渴求远不止于此。国际海洋考察理事会建议把可捕获总量设定为 26.3 万吨，并于 2001 年夏天宣称巴伦支海鳕鱼群的捕捞死亡率可能已和 2000 年一样高达 0.9。[①]而在 2000 年 11 月召开的挪俄渔业联合委员会会议期间，即使最悲观的估计值都未超过 0.5。

2002 年，俄挪渔业联合委员会宣布了一项新的制度——对鳕鱼和黑线鳕实行捕捞控制规则，对其进一步开展工作具有十分广泛的意义。这一规则由三部分组成：① 平均捕捞死亡率应保持在每 3 年的目标参考点以下；② 相邻两年内鳕鱼和黑线鳕的总可捕量变化应分别在 10% 和 25% 以内；③ 当产卵量低于目标参考点时除外。我们再次看到，这考虑到了生物的生育能力以及经济的可预测性：只要产卵种群量在预防性参考点之上，捕捞死亡率平均就应保持在每 3 年的预防性参考点以内，同时渔业就能免于可捕获总量大幅波动的风险。捕捞控制规则还改变了联合委员会的工作形式。从前，两国代表团领导人在会议期间几乎花费所有时间用来协商可捕获总量制度，通常在会议接近尾声时才达成协议。而如今，设定总可捕量更大程度上是技术问题，能尽早解决。也许为了展示捕捞控制规则的效能，联合委员会习惯于在会议召开一天或两天后就宣布翌年的可捕获总量。这样两国代表团领导人能将更多时间和精力投入其他紧急议题中，之前这些事务中的大部分都由其下属的工作组来处理（参见第三章）。2005 年国际海洋考察理事会评估了捕捞控制规则，认为其与预警措施有异曲同工之妙。但前提是，一旦产卵鱼群量跌破 22 万吨的限制参考点，就必须停止捕捞——而不只是降低捕捞量。

在 21 世纪最初 10 年间，鳕鱼种群恢复得很顺利，可捕获总量也逐渐增加，在该 10 年末期超过了 60 万吨。挪俄渔业联合委员会一直沿用其捕捞控制规则直

---

① Nordlys，2001 年 6 月 6 日。

到 2009 年才决定增加 10% 以上的鳕鱼配额，并用鱼群的良好状态证实了该举措得当。[①] 当时的产卵种群量确实高达 100 万吨以上。[②] 同时，挪俄渔业联合委员会补充了捕捞控制规则，要求捕捞死亡率不得高于 0.30。可以说，倘若 10% 以内的配额变化可能会使捕捞死亡率维持在 0.30 以下，那么就能将鳕鱼可捕获总量增加 10% 以上。2010 年，国际海洋考察理事会评估了此次捕捞控制规则修订，视其为预警措施。同年，联合委员会宣称，修订后的捕捞控制规则将用于设定未来五年内的可捕获总量，届时再重新评估。鳕鱼可捕获总量到 2011 年持续攀升至 70 万吨以上——再次超过了 10% 的增长率，这与国际海洋考察理事会通过的最新捕捞控制规则一致。[③]

四、21 世纪最初 10 年的过度捕捞

挪威与俄罗斯间在新千年之际针对可捕获总量的设定虽有分歧，但这并未像双方在 1999 年所担心的那样，而是更轻易地被化解了。然而，至少从挪威方面来看，这一问题被攻克后，另一个新的难题出现了。两国曾在 1993 年建立了执法合作，当时几乎没有注意到所设定的可捕获总量和实际捕捞量之间有潜在的分歧。正如上文所述，挪俄渔业联合委员会似乎认为，一旦挪威执法部门开始向他们的俄方伙伴传送其国渔船在挪威的登陆数据，捕捞过度的问题就迎刃而解了。为挪俄执法合作建立的常规程序写入了 2000 年两国渔业联合委员会会

---

① 这一做法违背了捕捞控制规则，但仅受到少数挪威公众的批评，完全不像 10 年前可捕获总量制度远远超过科学建议时那样（参见 Hønneland，2003，第 54 – 57 页）。这次挪威渔业部门用鳕鱼群的良好状态证实其违规举动是得当的，而似乎公众对此也普遍能接受。然而，一家俄罗斯西北部的渔业公司在申请海洋管理理事会（MSC）认证时（该书的作者也参加了此认证），得到的评定结果却显示，其在巴伦支海的渔业管理由于不符合捕捞控制规则而遭到批评，所以在捕捞战略指标上得分较低："我们无法证实当前这种背离原有规划的捕捞战略是否是预防性的。有一点很重要，那就是一项政策只要通过，在贯彻时每年都会遇到各种压力。对于捕捞控制规则而言，同样也必须考虑到这点"（Southall et al.，2011，第 88 页）。在未来的时间里，挪俄渔业联合委员会须遵循现行的捕捞控制规则，这是六大认证条件之一："在未来几年中，（挪俄渔业联合委员会）要适用通过的该项规则并贯彻落实，这样才能在实践中加以评估。倘若该规则的结果不尽如人意，那么我们就可以也应当予以修正并适用新规则，新规则同样需要如此加以验证。而任意凌驾于该项规则之上的做法都不是预防性的。"（Southall et al.，第 64 页）。

② 《国际海洋考察理事会 2010 意见书》，第 3 卷：《巴伦支海与挪威海》，哥本哈根：国际海洋考察理事会，2010，第 6 页。自 2002 年起，亲体生物量已经超过了目标参考点（46 万吨）。捕捞死亡率从新千年之际远高于限制参考点（0.74）降至 2006 年已远低于目标参考点（0.40）。

③ 70.3 万吨的配额量与国际海洋考察理事会所建议的相一致；参见《国际海洋考察理事会 2010 意见书》，第 3 卷：《巴伦支海与挪威海》，哥本哈根：国际海洋考察理事会，2010，第 8 页。最初的捕捞控制规则建议的配额量是 66.77 万吨，较 2010 年的 60.7 万吨增加了 10%。如果配额的变化幅度可以超过 10%（这种限制规定意在防止渔业受到配额大幅削减的影响），那么原本建议的配额量将达到 98.6 万吨。根据修改后的捕捞控制规则的规定，捕捞死亡率不能跌破 0.30，那么建议的配额——以及设定的可捕获总量——将介于上述两项数值之间。

议上签署的备忘录中①，然而，新的挑战出现了。同年 10 月召开的挪俄渔业合作常委会会议上，双方表示："海上的鱼货转运密集发达，而双方均未对此实行充分管控。"② 早在 20 世纪 90 年代初期，俄罗斯西北部的多数渔船就开始向挪威港口运输鱼货，将捕捞物送运至海上运输船的苏联式转运模式悄然恢复。唯独现在运输船并不把捕捞物运往摩尔曼斯克（像在苏联时期那样），而是运往其他西方国家，如英国、丹麦、荷兰、葡萄牙以及西班牙。这得益于俄罗斯西北部的渔船逐渐升级为拖网渔船。虽然新鲜的捕捞物运上岸的次数更加频繁——意味着需要找一个靠近渔场的港口——但是冷藏品能在船上保鲜数月，可经历长途跋涉。

常委会在 2000 年首次指出这可能是新的执法挑战，之后联合委员会便下令研究双方进一步协调报告常规参数的可能性，包括交换双方运往第三国的鱼类捕捞物的数据，但徒劳无功。2002 年，挪俄两国宣称，他们将"互相合作以提供运往第三国鱼类捕捞物的完整信息。"③此外，两国的议定书中还称"挪方要求俄方提供相关信息"，"俄方声明将会继续努力提供在第三国登陆鱼类捕捞物的数据。"④翌年，双方"讨论了有关在巴伦支海和挪威海非法捕捞鳕鱼的信息"⑤。到 2004 年，两国的言辞更为激烈："双方都意识到巴伦支海域存在诸多的非法捕捞，当务之急是要想方设法揭露并阻止这些非法行径。"⑥与此同时，俄罗斯指出，据官方统计，挪威在前些年中大肆过度捕捞鳕鱼。挪威方对此解释道，其沿海渔业的法规体系改革致使他们未能及时阻止这类捕捞行为。挪威在 2002 年过度捕捞量高达 2.1 万吨，后在 2003 年和 2004 年分别降至 1 万吨和 4 000 吨（至 2005 年彻底消除）。⑦挪威方面参考了其提交到国际海洋考察理事会关于巴伦支海非法捕捞鳕鱼的报告。遵循常委会的提议，联合委员会采取了一系列措施

---

① Protokoll for den 29. sesjon i Den blandete norsk – russiske fiskerikommisjon，奥斯陆：渔业部，2000，第 13. 2. 1 款。

② Protokoll fra møte i Det permanente utvalg for forvaltnings – og kontrollspørsmål pa fiskerisektoren i Henningsvcer 16 – 20. Oktober 2000，（note 6）卑尔根：挪威渔业理事会，2000，Art. 第 5 款第 1 条。

③ Protokoll for den 31. sesjon i Den blandete norsk – russiske fiskerikommisjon，奥斯陆：渔业部，2002，第 4 款。

④ Protokoll for den 31. sesjon i Den blandete norsk – russiske fiskerikommisjon，奥斯陆：渔业部，2002，第 4 款。

⑤ Protokoll for den 32. sesjon i Den blandete norsk – russiske fiskerikommisjon，奥斯陆：渔业部，2003，第 4 款。

⑥ Protokoll for den 33. sesjon i Den blandete norsk – russiske fiskerikommisjon，奥斯陆：渔业部，2004，第 4 款。

⑦ Protokoll for den 33. sesjon i Den blandete norsk – russiske fiskerikommisjon，奥斯陆：渔业部，2004，第 4 款。

以加强对海上运输船的汇报监控要求；此外，要求渔船在收到海上转运的捕捞物后，提交所有此类转运的具体报告，海上转运船须装载卫星定位追踪设备，同时还严禁运输船在转运捕捞物时悬挂能令其便宜行事的国旗航行。[①]在 2005 年召开的联合委员会会议上，双方一致同意"持续并确保全面实施（2004 年）会议上的各项措施"，[②]这表明目前此类措施的实施状况其实并不尽如人意。2006年，联合委员会发表报告称，几年前所同意的措施已实施了一部分，还有一部分尚未实施。也许最为糟糕的是，"（挪—俄联合）分析小组本应在 2006 年会议上收集渔船信息并指出可能触犯渔业法规的违法行为，但他们却并未会面。"[③]此外，"由于俄罗斯的有关部门并未与会，挪俄渔业合作常委会（为应对执法挑战而设立的）附属委员会……亦未能如期运作"。[④] 2007 年会议议定书中也出现了同样的规划，但俄罗斯没有委派一名领导人来担任常委会执法附属委员会的委员（因此，俄方当年又未与会）。但也不乏好消息："双方欣喜地看到，在 2007年过度捕捞的数量有所减少，主要得益于从 2007 年 5 月 1 日以来实施了东北大西洋渔业委员会港口国家机制。"[⑤]此后两年也出现了同样的规划，到 2010 年，捕捞过度似乎已然停止：

俄方表示，根据官方渔业统计，2009 年俄罗斯在巴伦支海和挪威海的鳕鱼、黑线鳕的捕捞量均在配额以内，没有出现过度捕捞……双方认为，阻止过度捕捞巴伦支海和挪威海的鳕鱼和黑线鳕的共同努力卓有成效[⑥]。

在 2009 年召开的联合委员会会议上，挪俄双方一致同意根据卫星定位追踪所得的数据及鱼品运输、登陆的有关信息，共同估计巴伦支海的捕捞总量。

那么这些议定书规划的背后又有什么故事呢？2002 年，挪威渔业理事会加大努力估计俄罗斯在巴伦支海的实际捕捞量。这是挪威的单方面行动，因为当

---

① Protokoll for den 33. sesjon i Den blandete norsk – russiske fiskerikommisjon ，奥斯陆：渔业部，2004，第12 款第 5 条。

② Protokoll for den 34. sesjon i Den blandete norsk – russiske fiskerikommisjon ，奥斯陆：渔业部，2005，第12 款第 5 条。

③ Protokoll for den 35. sesjon i Den blandete norsk – russiske fiskerikommisjon ，奥斯陆：渔业部，2006，第12 款第 1 条。

④ Protokoll for den 35. sesjon i Den blandete norsk – russiske fiskerikommisjon ，奥斯陆：渔业部，2006，第12 款第 1 条。

⑤ Protokoll for den 36. sesjon i Den blandete norsk – russiske fiskerikommisjon ，奥斯陆：渔业部，2007，第 5款第 1 条。

⑥ Protokoll for den 39. sesjon i Den blandete norsk – russiske fiskerikommisjon ，奥斯陆：渔业部，2010，第 5款。

时挪方认为俄方在应对新的执法挑战方面兴趣缺乏（参见下文"讨价还价动态"一节）。挪威渔业理事会成立新部门，招募经济犯罪学专家。该部门利用捕捞汇报、卫星追踪数据及对俄罗斯渔船在挪威以外的国家登陆的观察，能系统地勘查俄罗斯渔船和运输船只的所有行为。[①]基于这些信息，国际海洋考察理事会对北极东北部未经汇报的捕捞量做出如下估计：2002 年为 9 000 吨，2003 年为 11.5 万吨，2004 年为11.7 万吨，2005 年为 16.6 万吨，2006 年为 12.7 万吨。[②]这些数据表明，在此期间年均过度捕捞量超过可捕获总量的25% ~40%。换言之，俄罗斯渔民这些年来过度捕捞量超过其国家鳕鱼年均配额的50% ~80%。然而，俄罗斯渔业部门并不认为这一问题像挪威所断定的那样棘手。在 2006 年秋，俄罗斯承认他们并不知道海上转运到第三国的鱼类捕捞量，但他们估计年均过度捕捞量约为 2 万 ~3 万吨。[③]据挪威估计，俄罗斯的过度捕捞在随后几年锐减：2007 年、2008 年分别减至约 4.1 万吨和 1.5 万吨。[④]

虽然挪俄渔业联合委员会在 2010 年会议以来的议定书中均表示，通过两国的共同努力，捕捞过度现象得以消除，但人们普遍认为——至少在专家和挪威公众间——能成功解决这一难题很大程度上应归功于 2007 年实施的东北大西洋渔业委员会港口国家机制（Stokke，2009，2010b）。[⑤]受该机制约束下（同时包括挪俄双方），成员国不许任何一艘东北大西洋渔业委员会的渔船登陆或在其港

---

① 2002 年至 2008 年挪威渔业理事会关于俄罗斯在巴伦支海的捕捞物的报告，请参见挪威渔业理事会的网站 http：//www. fiskeridir. no.

② 《国际海洋考察理事会 2010 意见书》，第 3 卷：《巴伦支海与挪威海》，哥本哈根：国际海洋考察理事会，2010，第 12 页。

③ 这一粗略的数据是当时俄罗斯渔业部门官员和挪威媒体对话时得出的。据 2006 年挪俄渔业联合委员会大会议定书（这是 21 世纪初 10 年间唯一提到捕捞过度量的议定书）显示，俄方估计其在 2005 年的捕捞过度量为 2.6 万吨。俄罗斯随后又向国际海洋考察理事会提供了其在 2002 年至 2007 年捕捞过度量的估计数据。据这些数据显示，在这段时间中前三年的捕捞过度量在 2 万至 3 万吨之间，到 2005 年高达 4.1 万吨，直至 2006 年才降到 2.8 万吨，2007 年更是降到 8 757 吨。参见《国际海洋考察理事会 2010 意见书》，第三卷：《巴伦支海与挪威海》，哥本哈根：国际海洋考察理事会，2010，第 12 页。关于这些数据的深入详述请参见《2008 年国际海洋考察理事会渔业工作组报告》，哥本哈根：国际海洋考察理事会，2008，第 4 页。俄罗斯认为挪威所作的估算太高，具体内容如下："俄罗斯的估算中考虑了，捕自巴伦支海［北极鳕（一种与东北大西极鳕鱼相近的鳕鱼，但两者有区别）、堪察加蟹］与挪威海（鲱鱼、蓝鳕、鲭鱼、鲑鱼）的大量（57% ~58%）生物资源，以及相应地从挪威专属经济区运来的捕捞物，那些都并非（挪威所认为的那样）是鳕鱼或黑线鳕。"国际海洋考察理事会北极渔业工作组无法将这两个估算结果相结合，因此只得对鱼群进行双重评估，并分别估计鳕鱼和黑线鳕的总量。但是，配额的建议还是以挪威的估计为基础的。

④ 《国际海洋考察理事会 2010 年意见书》，第 3 卷：《巴伦支海与挪威海》，哥本哈根：国际海洋考察理事会，2010，第 12 页。2002 年至 2008 年挪威渔业理事会关于俄罗斯在巴伦支海捕捞物的报告，也请参见挪威渔业理事会的网站 http：//www. fiskeridir. no.

⑤ 同样参见 Statusrapport for 2008：Russisk uttak av nordøst arktisk torsk og hyse，（note 7）卑尔根：挪威渔业理事会，2008。

口内转运冷冻鱼品，除非船旗国证实该渔船有充足配额，并已做过捕捞汇报且有权在此区域捕捞，并且捕捞量与卫星定位追踪所得数据一致。所有运上岸的捕捞物中有15%需经过实物检查。如果一艘渔船并未悬挂港口国或机制成员国的国旗，还在东北大西洋渔业委员会会议区域（含巴伦支海域）捕鱼，且不能证实其遵守了东北大西洋渔业委员会规则的话，那么它就会被东北大西洋渔业委员会列入黑名单中。这类渔船既不能在成员国登陆，也不能将鱼类捕捞物转运至成员国的渔船队。

因此在新千年之际，俄罗斯渔民越来越多地把捕捞物运到海上运输船上。运输船则主要在第三国，如英国和欧洲大陆登陆。至少从理论上而言，运输船现如今可以摆脱挪俄间设定的执法规程，因为关于在第三国登陆的数据交换问题尚未达成协议。虽然此类协议——特别是挪威和第三国间的——在21世纪最初10年逐步出现，但俄罗斯方面关于配额规定的执法基本上只由俄方单方负责。挪威当局因为俄罗斯渔船少报捕捞量而施加惩罚（例如：在检查时发现船上实际的捕捞量超过了捕捞日志所记录的量），但不能因其超过年度配额捕捞而惩罚它。在21世纪最初10年间，挪俄渔业联合委员会在采取措施打击超额捕捞的鱼品登陆这一问题上难以达成一致；甚至连过去曾采用的措施如今都难以实施。这一执法难题最终在东北大西洋渔业委员会内挪俄共同参与的多边行动中得以攻克。

五、俄罗斯估算鱼群现存量的新方法

挪威与俄罗斯两国海洋科学家之间的合作通常被看作是双边机制的核心所在。[①]一方面，挪俄渔业管理伙伴关系中，历史最悠久的部分便是科学合作。虽然双方的渔业规范合作与执法合作分别在1975年和1993年才启动，但其实早在19世纪晚期，双方就已经迈出了科学合作的第一步（Serebryakov and Solemdal，2002）。世纪之交时，两国的科学家都拥有了崭新的大型考察船，并着手交换在各自国家领海内外对鱼群进行海洋研究和观察所得的信息。但直到20世纪60年代，挪威与俄罗斯/苏联间的海洋科学合作关系才正式形成（Røttingen et al.，2007）。自1965年起，两国每年都会进行名为"零小组"的调研，以获取巴伦支海域所有鱼群的产卵信息。这项研究一直延续至今，可谓是国际海洋考察理

---

① 2006年5月，挪俄渔业联合委员会挪威代表团的一位团长在接受我的采访时说道："科学合作现已成为（与俄方之间）整个（双边管理）合作关系的支柱。"

事会进行的最旷日持久的研究（Røttingen et al.，2007）。

　　一些挪威海洋研究所的知情者在接受一项关于俄罗斯渔业科学学术争论的研究项目访谈时指出（Aasjord and Hønneland，2008）：挪威和苏联的科学家们最初在渔业研究上各持截然不同的观点。苏联科研人员的方法更着眼于生态系统动力学，比挪威科研人员更多使用定性的方法。挪威海洋研究所四位受访者中的一位把他们和俄罗斯极地海洋渔业与海洋研究所（译者注：以下简称 PINRO 研究所）的早期合作比作是"两种传统习惯的交汇；虽细微之差，却又两极分化"（Aasjord and Hønneland，2008，第293页）①。而俄罗斯极地海洋研究所的科学家最终投入了国际海洋考察理事会中西方主导的科学网络，从这个意义上说，"西式"方法更胜一筹。"我们将俄罗斯极地海洋研究所拉入了我们的阵营中。如今他们在西方科学期刊上发表研究成果……结果是，他们变得像我们一样，虽然这并不是我们的策略。"一位挪威科学家如是说（Aasjord and Hønneland，2008，第293页）。另一位也称："从某种程度上，我们就是他们在西方国家的窗口。"（Aasjord and Hønneland，2008，第293页）同时，挪威科学家也向他们的俄罗斯同行表达了他们内心的矛盾之情。据几位受访者表示，挪威的研究更加科学得当，而且挪威的海洋科学家也更为理性。

　　挪威海洋研究所与俄罗斯极地研究所的科学合作发展与苏联科学的总体发展趋势相一致。克列缅佐夫（Krementsov，1997，第140页）描绘道，自20世纪40年代后期以来，在苏联当局施压下，苏联科学家进行研究时必须遵循某些"爱国主义"的指导方针，尤其是要将"爱国的"／"苏联的"和"全人类的"／"无国界的"科学分割开来。紧跟着"二战"结束后的几年，苏联和西方科学家保持了相对积极的联系，到1947—1948年，随着"爱国主义运动"的兴起，这种"单一世界科学"的格局被打破。苏联科学家从此不再受西方资本主义科学影响②，同时，西方科学家（更不必说情报部门）不准再利用苏联的科研成果。为此，苏联当局颁布禁令，严禁苏联科学期刊以外文形式出版，或将其摘要和目录翻译成英语或其他语种，这是当时的通行做法。苏联科学界不可避免地被贴上了"爱国主义"和"反西方主义"的标签。同样，任何人如果在

---

　　①　2007年秋至2008年春，我的合著者本特·阿斯约德（Bente Aasjord）在卑尔根对挪威科学家进行了相关采访。

　　②　当时对此政策作出的最臭名昭著的回应莫过于农学家特罗菲姆·李森科（Trofim Lysenko）对（西方的或"不爱国的"）遗传学的批判。他与官方的观点一致，都认为新一代的人类——"苏维埃人（Soviet man）"——是可以被创造出来的，在一个物种上的获得性特征是可以遗传的。

研究中未体现出必要的爱国主义价值观，都会备受"西方奴役、屈从于西方（nizkopoklonstvo i rabolepiye）"的骂名，这在当时是一个标准的罪名（a standard epithet at the time）（Aasjord and Hønneland，2008，第 298 页）。克列缅佐夫（1997，第 287 页）评论说，苏联科学在斯大林时代后期所走的路主要是由于冷战的影响，一直延续到 20 世纪 80 年代后期才在政治改革中被打破。在此背景下，东西方之间不断契合的渔业科学合作显得更为非同一般。

在 21 世纪最初 10 年中期，俄罗斯的渔业科学研究在联邦渔业研究所的指责批判下分成了两大派，分别是研究国际海洋考察理事会的联邦渔业研究所——莫斯科俄联邦渔业与海洋研究所（译者注：以下简称 VNIRO 研究所），以及俄罗斯西北部的地区研究所——PINRO 研究所。正如我们在第三章中所见的，早在 20 世纪 90 年代初期，俄罗斯的地区研究所就已经正式独立于俄联邦海洋研究所了，只不过其科研工作仍要经过联邦研究所的审查。而与此同时，俄罗斯极地海洋研究所与挪威海洋研究所之间的关系进一步发展，正如东西方在欧洲北极区域的关系变得更加广阔一样——挪威还拿出大量资金用于支持资金匮乏的俄罗斯西北部机构。俄联邦海洋所并未像俄极地海洋所那样成为国际海洋考察理事会的国际科学研究的一部分（也没有像地区所那样获得挪方的资金支持），如今，俄联邦海洋所甚至开始质疑国际海洋考察理事会用来估算巴伦支海鱼群数量的实验模型是否可信。一位挪威代表团的成员曾表示过，这两方的分歧在挪俄渔业联合委员会的议定书中并未提及，但是自 21 世纪初以来，俄联邦海洋所的科学家对国际海洋考察理事会实验模型的抱怨成为每年挪俄渔业联合委员会全会的"年度剧目"。一开始俄联邦海洋所在俄方代表团中是没有合法地位的，但在 21 世纪初 10 年的下半期，挪威科学家开始担心俄联邦海洋所的方法可能会博得俄罗斯官方的欢心。

那么双方科学分歧的实质到底是什么呢？简而言之，VNIRO 研究所认为，国际海洋考察理事会的实验模型高估了补充量与亲体量规模的关系。VNIRO 研究所认为，环境因素（如温差和洋流引起的自然波动）对补充量有 90% 的影响，而亲体量规模对其仅有 10% 的影响。换言之，不必刻意将亲体量控制在特定水平，因为它的规模对鱼群每年的增量影响甚微。在 2006 年提交给挪俄联合科学主题讨论会的一项报告的序言里，VNIRO 主任说道："使用不真实的模型，高估补充量对亲体量的依赖关系，这种做法无异于巫毒教的预言巫术，根本不是通过对鱼群静态和动态的评析而进行的科学研究"①。

VNIRO 研究所批判国际海洋考察理事会的要点体现在后者自己对北极东北部鳕鱼（死亡率）施加的压力数据方面。除了 1990 年的一段极短时间外，捕捞死亡率自 20 世纪 50 年代以来就从未低于目标参考点——国际海洋考察理事会为确保鱼群长期的生存力而限定的捕捞范围。自 20 世纪 70 年代以来，捕捞死亡率几乎从未低于限制参考点，国际海洋考察理事会认为这预示着鱼群面临全部毁灭的危险。庆幸的是，鱼群并没有毁灭。"假使国际海洋考察理事会所设的参考点和实验模型都是正确的，那如今巴伦支海域也就不会有任何鱼类了。" VNIRO 研究所的一位科学家在受访时如是说②。他又补充道："唯一符合逻辑的解释就是，之所以国际海洋考察理事会的实验模型与巴伦支海的鱼群尚存这一事实相悖，是因为其先前估算错了。我们低估了（鳕鱼）鱼群量，至于原因，则可以通过传统方法觅得"③。

VNIRO 研究所提供了三种实验模型，以供替代国际海洋考察理事会所用的 XSA 传统模型，分别是：TISVPA 模型、GIS 模型和大气（synopic）模型。这些替代模型有一个共性，它们都是基于渔船的捕捞报告而不是科考巡航的数据做出估算。可无论是捕捞报告还是科学考察，都无法涉及整片海域，因此各类模型使用不同的技术方法，以便通过观测部分捕捞物进而推断出整片海域的鱼群状况④。虽然这三种备选模型在不同程度上早已被国际海洋考察理事会所熟知，例如，国际海洋考察理事会的一些工作组将 TISVPA 模型作为一种辅助工具使用，但相较于 XSA 模型，同样用于估算北极东北部的鳕鱼量，这三种模型得出的结论都明显更高。例如，2006 年，用 XSA 模型估算出的鳕鱼总量为 129.8 万吨，而用 TISVPA 模型、GIS 型和大气模型所得出的结论分别为 207.2 万吨、265 万吨和 260 万吨⑤。这样，三大替代模型对巴伦支海鳕鱼量的估算结果中，有两个竟比国际海洋考察理事会得出的结果高出一倍。这是 VNIRO 研究所的一个难

---

① 《论提升挪威与俄罗斯的巴伦支海鳕鱼渔业管理战略的必要性》，巴伦支海鳕鱼群联合管理讨论工作组，Nor‑Fishing 2006，莫斯科：VNIRO 研究所出版社，2006，第 4 页。

② 2007 年 12 月在莫斯科的采访。

③ 2007 年 12 月在莫斯科的采访。

④ 在此我并不提供进一步的技术细节，因为那样的话将会把我们带入自然科学世界，而且这对我的论证也毫无必要。相关详情请参见阿斯约德与荷内兰德（2008），以及《2008 年国际海洋考察理事会渔业工作组报告》，哥本哈根：国际海洋考察理事会，2008，章节 3.9。

⑤ 《东北北极鳕鱼群：2008 年现状与捕捞预报》演示文稿，B. N. Kotenev, D. A Vasilyev, O. A. Bulatov, V. M. Borisov, G. S. Moiseenko 和 E. N. Kuznetsova（note 9）所著，于 2007 年 12 月在莫斯科接受采访时向作者展现。

点：国际海洋考察理事会系统性地低估了鱼群总量；渔业也因此间接损失了大量可捕之鱼。2007年11月，VNIRO主任接受我们的采访时叹息道："当前在巴伦支海域所发生的这一切太可怕了！"类似的言语当时在挪威也时常可闻，但意指捕捞过度的上演。然而，俄联邦海洋研究所主任真正表达的意思是"捕捞不足"，也就是说，未能充分利用鱼群的潜在资源。

如前所述，俄罗斯用以估算巴伦支海鳕鱼量的新方法尚未写入挪俄渔业联合委员会的议定书中，但2006年3月在由挪威渔业部部长与俄罗斯联邦渔业局的领导出席的大会上，俄方便将这些新方法纳入了议定书草案中[①]。这并不意味着挪俄渔业联合委员会从未讨论过这些备选方法：在21世纪初10年间召开的挪俄渔业联合委员会全会上，VNIRO研究所一直在推行这些方法。问题是，VNIRO研究所到底在多大程度上能代表俄罗斯官方的意志呢？挪俄渔业联合委员会挪威代表团的领导人反复强调，俄方伙伴曾向其保证：直至国际海洋考察理事会对这些新方法全面评估并予以采纳后，他们才会使用。然而，挪威科学家对此更为忧心忡忡。2006年5月，挪威海洋研究所的科学家向挪威媒体表示，他们难以相信俄罗斯不会在即将召开的挪俄渔业联合委员会全会上正式提出这些新方法，"虽然俄方向我们保证过，他们只会在专题研讨会上使用新方法，但我们对此表示无法相信"[②]。几位挪威科学家在接受我们的采访时（Aasjord and Hønneland，2008）也表达了同样的担忧。"那些备选方法日益盛行。他们就像一个多头怪兽，不断出现新的变异。"其中一位如是说（Aasjord and Hønneland，2008，第303页）。另一位科研人员也担心"有朝一日俄罗斯会告诉我们，他们不再需要我们了，但只要我们还想留下，我们就不会出局"。（Aasjord and Hønneland，2008，第303页）

2006年10月13日，俄联邦在信函中要求国际海洋考察理事会根据几个月前最近一次对北极东北部鳕鱼量估算获得的新信息，重新评估其对北极东北部鳕鱼的估算[③]。这所谓的新信息包括关于俄罗斯海上转运的数据以及用于估算鱼群规模的大气模型。来自波兰、荷兰和法国的一组专家受命完成此项任务，挪威与俄罗斯指定的科学家也共同参与协助。根据《国际海洋考察理事会2006年意见书》，"评审员之间达成一致"，他们还表示"支持2006年6月国际海洋考

---

① 参见阿斯约德与荷内兰德（2008，第300–301页）。协议草案由我的合著者本特·阿斯约德记录。
② Fiskeribladet，2006年5月23日。
③ 《国际海洋考察理事会2010年意见书》，第3卷：《巴伦支海与挪威海》，哥本哈根：国际海洋考察理事会，2006，第28页。

察理事会的建议，因为他们觉得'新的'鱼群估算方法没有强大到让他们拒绝接受（北极渔业工作组）的估算结果的程度"[1]。

但是，对俄联邦海洋研究所最直言不讳的批评并不是出自挪威，抑或国际海洋考察理事会，而是出自它在摩尔曼斯克的子研究所——PINRO研究所。其回应了VNIRO研究所关于"大气模型"的报告（Borisov et al.，2006），PINRO研究所的一组科研人员在此指出，VNIRO研究所提出该方法只是为了金钱利益而非为了科学研究："这种用于估算鱼群量的方法的初衷虽然是好的，但在某些情况下却成为了一种利用工具，试图借此在当前立法框架内重新分配研究经费。"（Borisov et al.，2006，第28页）PINRO研究所批判VNIRO研究所过于沉迷于绝对数据而非相对数据：

我们提醒他们，在合理利用鱼群的理智下，最重要的不是弄清鱼群的绝对量，而是弄清鱼群在不同程度的捕捞后反应如何。鱼群的绝对量究竟是100万吨还是1 000万吨，这并不重要。重要的是，鱼群在特定条件下对捕捞呈现怎样的反应。例如，如果每年从100万吨的鱼群中捕捞80万吨后，该鱼群仍能保持良好动态，并未因此改变鱼群结构，那么这样的捕捞程度是可以接受的。相反，如果从100万吨的鱼群中仅捕捞10吨，但鱼群结构却因此发生巨变，那就必须意识到这样的捕捞程度太高了（Borisov et al.，2006，第27页）。

PINRO研究所的科学家称莫科斯的同行们只是门外汉，不能胜任定量分析：

当作者开始增加不同"大气时段"鱼群量的最大值的时候……似乎任何人都能从其推理中或多或少看出些简单逻辑……可一旦谈到增加不同时段的不同鱼群量的最大值时，便能一眼看出他就像个小学生一样，试图在练习册的尾页寻找标准答案……定量分析的作者居然如此缺乏逻辑能力和缜密推理，这让人大吃一惊（Borisov et al.，2006，第25－26页）。

六、讨价还价动态

1992年年末，挪俄渔业联合委员会双方决定组建一个工作组，以考虑两国执法部门之间的合作事宜，挪威方为此做了充分准备。挪威依据几乎所有俄罗斯西北部渔船队的捕捞日志数据，提供了周密详尽又具说服力的文件证明俄罗

---

[1] 《国际海洋考察理事会2010年意见书》，第3卷：《巴伦支海与挪威海》，哥本哈根：国际海洋考察理事会，2006，第28页。

斯捕捞过度。不仅如此，挪威还在两国渔业联合委员会大会召开几个月前就提出了俄方可能存在的捕捞过度问题。挪威代表团的一位成员在采访中解释道：

1992年夏，（挪俄渔业联合委员会）的双方在莫斯科召开了一次关于过度捕捞的特别会议。我们在会上提供了证明俄罗斯过度捕捞的数据。（俄罗斯代表团的团长）起初表现很冲动，但我们强调了，我们希望帮助他们解决过度捕捞的问题。所以，我们很快便达成了一致①。

我1993年年初参与了两国关于展开执法合作的会谈，随后还出席了专家组和挪俄渔业合作常委会的会议，并且在20世纪90年代间作为观察员参与了每年一届的挪俄海岸警卫队联合研讨会（参见第一章）。我记得自1993年2月首次参加会议起，就从未见俄罗斯代表质疑过挪威对其捕捞过度的估计，抑或质疑过挪威提出该估计的动机。此外，在这10年间，俄罗斯也从未对挪威的技术法规倡议提出任何异议。俄方似乎已经基本接受了这些建议，而且将目光集中到了如何解决这些问题上。前些年的大多数会议都在挪威召开，挪方努力使俄方熟悉挪威的渔业产业的状况及渔业管理制度，为此还组织俄方代表参观了挪威的渔船、鱼类加工厂和各种相关管理机构。挪俄渔业合作常委会中的挪方代表还诚邀俄罗斯伙伴到他们家中共进晚餐，建立良好的私人关系。不久后，俄罗斯回请挪方代表参观了摩尔曼斯克的渔业综合大楼，并在乡间邸宅中举行了会议，还带其去俄罗斯传统澡堂一起泡澡。挪威与俄罗斯执法合作的总部设在了挪威海岸警卫队所在地——挪威北部的城镇苏特兰——这在当时是公认的豪华胜地，被冠以"苏特兰喜来登"之名；双方在那里都感到宾至如归。挪俄渔业合作常委会显现出相对非正式的氛围，诸如官方问候、宴会演说、正式敬酒等礼节很快都取消了（而挪俄渔业联合委员会则不同，虽有大量晚会节目，但仍保留一定程度的正式礼节）。常委会的会议通常在周一至周五召开，工作量尤为繁重。会议中从不走"捷径"：如果双方发现他们的观点相异，或仅是无法理解对方在某个问题上所表达的意思，那么就会留出额外时间来详细阐明各自的立场、可能途径及其含义。常委会的代表们时常在晚饭过后仍要继续工作直到深夜。两国代表团和两国代表团领导人之间的氛围都保持得极为融洽。双方给人一种富有创意和效率的感觉，这主要得益于在冷战结束的短短几年中，挪俄渔业合作常委会力图在更广阔的政治立场上开辟一条新道路。

---

① 2006年5月在卑尔根的采访。

　　1998 年前后，双方之间的工作氛围发生了微妙的变化。俄罗斯代表团团长总会在会议开始时谴责：挪威方面在例行检查时歧视俄方渔民。俄罗斯渔民比其他国家渔民受到更多检查，对其违法行为的惩罚也更为严厉。这些谴责的内容出乎挪威方面的意料（虽然随后的证据表明这些谴责并不完全是捕风捉影）[1]。但最重要的是，这些指责表达的方式令挪威方面困惑不解。俄方往往在谴责完后，便把话语转向了双方在常委会中的"良好工作关系"，不再进一步提及所谓的对俄渔民的歧视。挪威代表团则普遍认为，俄方代表团团长是"授意于俄联邦"才在挪俄渔业合作常委会中采取更为强硬的立场。例如，俄联邦当局是否怀疑本国代表们在挪俄渔业合作常委会中还不够捍卫本国利益？抑或他们对挪威方太过友善，只是"在国外玩玩而已"[2]？

　　挪俄渔业联合委员会挪威代表团团长当时在接受我的采访时解释了他在委员会的工作[3]：直到 1997 年、1998 年，与俄罗斯代表的谈判都还算顺利。挪俄渔业合作常委会提出了宽松的可捕获总量制度的应用科学方面的建议，被渔业联合委员会看作是引以为荣的成就，俄方代表在委员会会议中都表现得相当灵活：

　　在苏联时期，他们受到苏联联邦的严格限制。大约自 1992 年起至 1997 年，他们的代表团领导人决定听令于自己，或至少可以不经联邦事先同意就能越权决策。自 1997 年起，渔业已经主宰了俄罗斯代表团……1997 年秋，科学家们在他们的科学模型中缩减了 20 万吨（鳕鱼群的估算总量）。那时我第一次意识到，1997 年（捕鱼）产业已经主宰了俄罗斯彼得罗扎沃茨克。当年我们的可捕获总量比科学建议的超出 14 万吨。然而（鱼群）捕捞量却并没那么多；这意味着海域里的鱼群量比预期的少，因此科学家们的估计是对的。但俄罗斯代表难以同意降低 20 万吨捕捞量，所以我们之间无法达成一致。周五晚上，我（和俄罗斯代表团团长）坐在一起，第一次参加"高层会议"（参见第三章），当时只有我们两人以及翻译官坐在一起，但直到我们让翻译官都撤下后，我们才达成了一致。我们坐着用简单的英语互相交谈着；我们的英文水平都差不多。最后我们

---

　　① 挪威《晚邮报》（Aftenposten），2002 年 11 月 18 日。
　　② 在一篇关于"俄罗斯实施国际自然保护协定"的文章中，我和我的合著者讨论了有关俄罗斯公务员参加国际会议的问题："当谈到国际论坛时，比如缔约方大会，俄方的参与度总是很低。标准操作规程应将公务旅行限制到最低。正如我们的一位受访者说的：'公务员们不应该花费时间在出国购物之旅上'。"（乔根森和荷内兰德，2006，第 15 页）。
　　③ 2006 年 6 月在希尔克内斯的采访。

之间达成一致，而且我认为自己应是让步最多的①。

我的受访者强调挪俄间技术法规措施的执法合作与协调是他担任挪威代表团团长时（1989—1998 年）取得的最大成就。他也强调，挪方代表们一直努力使俄方感到，挪俄渔业联合委员会根据挪威倡议采取的措施也是俄罗斯方面大力主张的：

当前鱼群状况极佳，我们也设定了较高的可捕获总量，这使我们有时间去处理配额问题以外的事务。为了使俄方感到自己主导了这些措施，我们有必要把各种事务分成几批处理：首先交给（挪俄渔业合作常委会），然后交给挪俄渔业联合委员会②。

他提到，在鳕鱼拖网中采用刚性鱼虾分离栅是极具挑战性的："捕捞小虾时采用分离栅很容易，但若用来捕捞鳕鱼则很难。俄方代表知道，挪方是想用分离栅来弥补最小网眼大小的不足，但我们并未成功让他们接受这点③。不过，他们也没有完全拒绝"④。当被问及为什么俄方代表最终还是同意采用鳕鱼的分离栅时，他答道："嗯，他们可能'走了太远'。他们其实早就同意这么做了。合作还在进行，只是他们更加踌躇不决"⑤。当时挪威代表团"高层"的一位成员也强调了俄罗斯逐步（gradual）采用分离栅的历程：

早在 1991 年前后，虾米的分离栅就已经问世了。这是由一位来自诺德莫尔（Nordmøre）的渔民为了除去拖网中的水母而发明的。俄罗斯科学家随之介入研究。俄罗斯一位著名的捕鱼技术专家也为此折服。采用分离栅对两国渔业而言都是一种温和的强制措施……俄方代表的态度一般都很积极，但他们不愿减少虾米的最小可捕长度，因为海洋北部有太多小虾米。这使得在鳕鱼渔业中采用分离栅成为可能，因为最初——正是在虾米渔业中——采用分离栅后对挪威渔民的打击是最大的。但是，虾米分离栅确实为分离栅技术的进一步发展提供了契机⑥。

---

① 2006 年 6 月在希尔克内斯的采访。
② 2006 年 6 月在希尔克内斯的采访。
③ 在 20 世纪 80 年代初期，挪威试图说服苏联就巴伦支海鱼群的最小可捕长度及最小网眼大小达成一致，这意味着苏联当时将不得不接受更小的最小可捕长度及更小的最小网眼尺码。详情请参见第三章。
④ 2006 年 6 月在希尔克内斯的采访。
⑤ 2006 年 6 月在希尔克内斯的采访。
⑥ 2006 年 5 月在卑尔根的采访。

这些受访者都承认，对挪威而言，采用分离栅能改变俄方不愿提高最小网眼大小及鱼虾最小可捕长度的状况。他们还称，1997 年在鳕鱼拖网中采用刚性分离栅这一做法是自 20 世纪 90 年代初在虾米渔业中开始采用分离栅（据称这对挪威渔民也是异常困难的①）的最后一步。这种技术虽然是挪威人发明的，但俄罗斯的专家对它也很热心，并逐渐推广到全俄罗斯（虽然未正式承认，但事实如此）。在鳕鱼渔业中采用分离栅的工作是由挪俄渔业合作常委会筹备的，俄罗斯的分离栅专家也参与了。当该提议获得联合委员会批准，俄罗斯代表团团长可谓在这条路上已经走了太远，以至于无法拒绝，再次申明：（再一次，虽未正式承认，但事实如此）挪俄渔业联合委员会一般都会较快处理——而后接受——常委会的提议，这早已成为了一种标准操作规程。

鳕鱼渔业采用分离栅招致俄方怨恨不已，特别是在巴伦支海的渔业管理方面。正如挪俄渔业联合委员会中前任的苏联代表团团长曾于 1999 年在报纸评论中说道（当时他担任苏联联邦和地方渔业部门的顾问）：

温和地来讲，我们与挪威渔业部门的外交关系从几年前就已经摇摇欲坠了……这一切都始于几年前的一件看似不起眼的琐事：由于当时我们的经济状况捉襟见肘，难以执行几项联合科考项目。因此（我们）只能在一系列谈判中做出让步。乍一看，这些让步也许没什么大不了，久而久之却产生了不幸的后果。例如，我们过早同意了挪威的计划，在鳕鱼拖网中采用分离栅……还有，为达成冰岛、挪威和我们俄罗斯之间的三边协定而参加最终谈判②。确实，这个协定很有必要；没有人会否认这点。但协议不该给予任何巴伦支海资源共有国以外的第三国任何特权。如今，我国渔民还义正词严提出异议：挪威在斯瓦尔巴德群岛对他们例行检查时格外严苛——有时甚至是公然的偏见。我虽然比较了解挪威的渔业管理制度，但有时也觉得这点很不可思议。我所担心的是，他们的检查员太过频繁地关闭渔场，动机很可疑——唉，捕捞物中有那么多幼鱼……我们两国的渔业外交经历了时代更替。一些老一辈由于年岁已高已退休了，另一些人退出了。因此，我们原来的管理制度的威力倒塌了。但因为这样，就可以让其他国家有权乘人之危，将本不属于他的东西占为己有吗？③

---

① 其原因可能是俄罗斯渔船比挪威渔船更多地从事虾米捕捉。
② 他指的是 1999 年在冰岛、挪威和俄罗斯之间的配额协定，该协定终止了冰岛一方阵营与挪俄两大沿海国家阵营之间的"漏洞分歧"（参见第三章）。
③ 《摩尔曼斯克通报》（Murmanskiy vestnik），1999 年 9 月 18 日。

20 世纪 90 年代（包括 1998 年）的挪威代表团团长称，那段时期是"在挪俄渔业联合委员会的美好光景"[①]。而他的继任者却在 1999 年如梦初醒：当时国际海洋考察理事会建议将鳕鱼的可捕获总量减少 5 倍；俄罗斯也声称他们"一条鱼都不愿让步"[②]。挪俄渔业联合委员会有史以来首次出现会议中断。在会期第二天上午的全会议程结束后，挪威代表团团长告诉俄方伙伴，他们之间已没有再进行谈判的空间了。挪威代表团于是离开了谈判所在的摩尔曼斯克拖网渔船，随后几天都待在宾馆讨论各种可行方案，并准备协议的文本（关于可捕获总量以外的其他事项），以备能在会议最后一刻达成协定。这就是当时所发生的事实。后来到了周四晚上晚些时候，"协议小组"（参见第三章）赶到了谈判地：代表团领导人就可捕获总量达成一致，需要起草协议。这必须在当晚完成，因为俄罗斯代表团团长将于次日上午前往莫斯科。挪威代表团"高层"之外的成员（包括我）并不知道究竟是什么促成了协定的达成，但我们有理由相信，挪威代表团团长事先咨询了国内政治层面，很可能是咨询了渔业部长。如前文所述，最后达成的可捕获总量更偏向于俄罗斯，而不是挪威的意愿。挪威渔业部必须在两条歧路中择其一：要么与俄罗斯不能达成协定，要么设定远超出科学建议的可捕获总量[③]。

同样如前文所述，在 1999 年大会的逆境中也为新征程开辟了道路：在 2000 年设定了为期 3 年的配额，在 2002 年又制定了捕捞控制规则。多年以后，挪威代表团团长在接受我的采访时强调了 1999 年、2000 年、2002 年所发生的事情之间存在的联系：

1999 年，我们为了解决问题不得不向挪威方作出了许多让步。这并不是不负责任的，只不过我们原本想要更低的配额。我们事先召集科学家们举行了一次会议，把他们的建议带给了挪俄渔业联合委员会。挪威是想实现长期的管理战略目标，使可捕获总量能"自动"生成。这首先催生了为期 3 年的配额设定。俄罗斯也接受了；这是我们经过慎重讨论的结果。为了能进一步发展，我们成立了基本文件工作组，（于 2001 年）授予其具体任务。他们在（2002 年的）报

---

① 2006 年 6 月在希尔克内斯的采访。

② 这在当时成为了俄罗斯渔业新闻界的一条标语。例如，参见 Rybnaya stolitsa，1999 年 11 月 15 日："渔业的相关人士及俄罗斯 PINRO 研究所的科学家参加了在地方行政管理部门召开的会议……会上讨论了俄方（关于挪俄渔业联合委员会的）策略，还一致认同'我们'的原则在设定鳕鱼和黑线鳕可捕获总量时必须遵守：绝不（向挪威）退让一步。"

③ 应当承认，所选择的解决方案也解决了挪威国家层面的分配问题。

告中提出了一些指标，但却没给出答案。我（和挪威渔业理事会）便决定尝试一下。我们制定了方案，又花了几个小时（和挪威代表团团长①）讨论。他最终在（俄罗斯）代表团中成功落实了（捕捞控制规则）。他把这归功于一位杰出的俄罗斯科学家②。

挪威渔业理事写道：

这一切始于 1998 年在卑尔根召开的关于管理战略的研讨会……我提出了鱼群战略的构想；工作组负责详细制定主要方针……这时俄罗斯的体制发生了变化。（在巴伦支海）进行稳定的捕捞现已变得尤为重要。从前，渔民在巴伦支海和其他海域间来回穿梭；如今，他们更希望在此捕捞鳕鱼，而不是去遥远陌生的海域捕捞马鲭鱼③。因此我随时能根据可资利用的（科学）信息，钻研如何利用好鱼群一事。我在预备会议中④呈上了捕捞控制规则的草案，并花费良久（向俄罗斯代表团团长）讲解。这一规则在挪俄渔业联合委员会大会上被采纳后，（俄罗斯代表团团长）在晚宴上称其代表团的一位科学家是"捕捞控制规则之父"。我认为他应该是想掩护他自己⑤。

关于捕捞控制规则是如何制定的故事，我花了大量篇幅讲述两国代表团内部以及两国代表团之间的动态。挪威越来越意识到对长期可持续管理的需要。其背景就是国际海洋考察理事会运用了预警管理方针，并且随着俄罗斯渔业部门主宰了挪俄渔业联合委员会的俄方代表团，俄罗斯呈现"更紧张的气氛"。一位顶级公务员在与科学界交流探讨后，拟定了一份捕捞控制规则的草案，希望能使可捕获总量"自动"生成，同时注重生物可持续性与经济活力。他让挪威代表团团长也参与进来，而后他们将这份规则的草案在一个比挪俄渔业联合委员会更小的机构中呈现给俄罗斯代表团团长——就在预备会议中。当时两国代

---

① 他也是挪俄渔业联合委员会挪威代表团"高层"的一员。
② 2006 年 6 月在奥斯陆的采访。
③ 直接翻译了挪威某个不为人知又极其偏远地区的非正式的字眼。
④ 预备会议为期一至两天，由代表团团长和双方的一小部分代表参加，这种会议形式是在 21 世纪最初 10 年早期开始采用的。预备会议通常在挪俄渔业联合委员会大会前一至两个月举行，也就是在初秋。某种程度而言，预备会议有时取代了在 20 世纪 90 年代间召开的夏季会议，被视为大会一个不可缺少的部分。
⑤ 2006 年 5 月在卑尔根的采访。

表团团长之间的关系可谓相当融洽①，这使双方能比在不利情形下更易于达成协定。很显然，俄方代表团团长觉得不仅有必要确保捕捞控制规则在本国代表团内的合法性，甚至还要将该规则作为俄方本身的产物——实质上这表明他自己不确定该规则在本国代表团或本国渔业圈是否具有合法性。挪威受访者在接受我的采访时则表示，他们丝毫不因为一个俄罗斯人凭借捕捞控制规则获得了殊荣而感到凌辱；相反，他们很高兴看到该规则在俄方面落实了。

所以在此我们能看到一条脉络，从挪威政界和科学界到挪威代表团团长，通过他到俄罗斯代表团团长，由此再自上而下至俄罗斯科学界和俄罗斯代表团的其他人。可这并不意味着就有理由认为挪俄两国的科学界在这一问题上有分歧。正如前文所述，两国的顶尖研究所之间有着极佳的科学合作：它们分别是挪威海洋研究所和俄罗斯极地海洋渔业研究所。从中我们所观察到的两国谈判模式，设定可捕获总量传统上是代表团团长的专属职责。但在20世纪90年代处理技术法规问题时，我们见到了截然不同的谈判模式：对于一些问题技术层面的处理是在挪俄渔业合作常委会里，或（在提交联合委员会最终审批前）先在联合委员会设立的特别工作组中讨论，如分离栅和卫星定位追踪等问题。

总而言之，双方顶尖的科学界研究机构之间似乎已达成了基础协定，此外，双方代表团的高层间达成协定也指日可待。而当前的问题似乎主要集中于俄罗斯的渔业及相关行为体和某些低级的俄罗斯行政机关。双方在20世纪90年代后期进行的总可捕量谈判是最为艰难的，因为当时渔业部门可谓已经主宰了俄罗斯代表团。在1999年召开的最戏剧性的大会上，俄罗斯代表团由一位来自北方流域的年轻商人率领，他毫无经验，之后他又被指控以经济犯罪。这里俄罗斯联邦VNIRO研究所可能被归入了"俄罗斯渔业部门的相关行为体"一类中；至少是对PINRO研究所的指责。至于科学方法，俄罗斯PINRO研究所与挪威海洋研究所之间建立的合作关系就如同缓冲器一般，化解了挪俄渔业联合委员会中两国代表团高层之间的不和。可以说对俄罗斯代表团团长而言更难的是——当俄罗斯顶尖研究所对鱼群问题的讨论不能完全"站在挪威这边"时，他在多大

---

① 双方代表团的领导层在传统上都相当稳定。新千年来临之前的几年对俄罗斯是例外，代表团团长3年一换。从2001年起，俄罗斯代表团团长5年一换，总算又恢复了稳定。而挪威代表团自挪俄渔业联合委员会创建以来的前35年里仅有过3位团长，分别是：1976年至1988年的古纳·冈德森（Gunnar Gundersen），1989年至1998年的古纳·吉诺威（Gunnar Kjønnøy），以及1999年迄今的乔恩·克罗格（Jørn Krog）。挪俄渔业合作常委会中也呈现出相同的格局。莉斯贝思·普拉萨（Lisbeth Plassa）自1993年挪俄渔业合作常委会成立起就一直担任挪威代表团团长，直至2009年才由汉妮·奥斯特加德（Hanne østgard）继任。而俄罗斯却多次更换过代表团团长。

程度上能屈从于 VNIRO 研究所的压力而站出来反对用新方法估算鳕鱼群量。俄罗斯之所以会支持也许并不是由于挪威在战略上力图将俄罗斯科学家"拉到他们这边",而是挪威努力把俄罗斯科学家拉入多边科学共同体的结果①。

　　21 世纪最初 10 年间发生的捕捞过度问题的处理结果对挪威而言稍有不利。两国执法部门虽于 20 世纪 90 年代建立了良好关系,但最终俄罗斯并未支持挪威的倡议——对增加的海上转运鱼类捕捞物的结果进行调查研究。挪威代表团高层的成员更倾向于婉转地表达自己的想法,正如其代表团团长在 2006 年接受我的采访时所说的:"俄方代表承认存在捕捞过度,但他们没有提供任何数据。他们没有什么过激表现。他们知道自己国家捕捞过度了;但只是不知道程度如何"②。挪俄渔业合作常委会中挪威代表团的长期成员有好几次都表达了对俄罗斯的失望,认为他们没有主动揭露并惩罚过度捕捞的渔民③。我个人对 20 世纪最初 10 年中期挪俄渔业联合委员会工作组的印象是,双方并不"志同道合"。俄罗斯专注于官方统计:这些数据算得对吗?而挪威则更关注于质问这些数据的有效性④。挪威认为这个工作组很重要,而俄罗斯则只会派遣低级公务员与

---

　　①　一位高级公务员从这方面总结了挪威的政策:"挪威是反对(将巴伦支海的渔业科学研究)双边化的。国际海洋考察理事会的国际质量控制与评估就是我们坚持的途径、真理和生命";2006 年 5 月在卑尔根的采访。俄罗斯是国际海洋考察理事会的一部分,俄罗斯的官方政策同样如此。然而,俄罗斯渔业圈内便有人时常公然反对该多边研究组织。例如,在 2006 年挪俄渔业联合委员会 30 周年庆典上,一位俄罗斯代表团的前任团长在其演说中提出,挪威和俄罗斯应该摆脱国际海洋考察理事会的干涉,单独着手在巴伦支海的渔业研究。新千年到来之际,正值总可捕量的谈判处于艰难状态,当时俄罗斯国内对国际海洋考察理事会的非议可谓毫不遮掩。挪威渔业报刊 Fiskeribladet, 2000 年 11 月 17 日的一篇文章说:"(挪俄渔业联合委员会)俄罗斯代表团的核心参与者对国际海洋考察理事会毫不留情。虽然(挪俄渔业联合委员会)可能会为明年设定远超过科学建议的鳕鱼配额,其中也不考虑科学家们对(可持续)渔业模式的观点,但是俄罗斯的大船主兼(俄罗斯国家)杜马代表弗拉德米尔·古森科夫(Vladimir Gusenkov)称,国际海洋考察理事会完全没有必要的公信力和客观性。'国际海洋考察理事会使我想起了一些我们在苏联时期得到的科学建议,所有的这些建议都必须符合政府的特殊利益。但区别就在于,国际海洋考察理事会每每偏袒挪威的利益。'"也请参见 Fiskeribladet, 2000 年 11 月 21 日,其中古森科夫称国际海洋考察理事会是"挪威政府手中的工具"。

　　②　2006 年 6 月在奥斯陆的采访。

　　③　例如,报社对挪威渔业理事会执法部门的领导人进行了一次采访,他自挪俄渔业联合委员会成立以来就一直是其成员,他在采访中抱怨道,俄方代表不愿像在挪俄渔业联合委员会承诺的那样,与挪方一起分享卫星定位追踪的数据:"我觉得俄方并没有优先考虑这事。我还认为,公平地说,俄方缺少意愿。他们没有按事先达成一致的去做,而是对此不愿履行"(Nordlys, 2006 年 6 月 23 日)。挪俄渔业联合委员会新成立的工作组正在召开讨论捕捞过度和经济犯罪问题的会议,一位挪威检察官离席以示抗议:"拂袖而去就意味着,我已表明我对俄罗斯当局和警方未遵守其约定一事的态度,无需作任何合理解释。我认为既然双方不可能真正交换有用信息,那么我自然也就没有理由再待下去。"(Nordlys, 2006 年 6 月 7 日)。

　　④　这种局面对挪威而言并非完全陌生。在 20 世纪 90 年代的"美好光景"中,挪俄渔业联合委员会的挪威与俄罗斯代表之间针对"什么才是充分管制"产生了分歧。俄方主要关注的是"书面控制(paper control)",也就是检查渔船和船主所呈上的捕捞数据是否在指定的配额之内。而相反地,挪方则不断鼓吹有必要对捕捞物实行实物管制(physical control)。20 世纪 90 年代后期召开的一次海岸警卫队研讨会上,挪方在晚宴的非正式时间里送给俄方一座天平作为礼物——意在以一种更为微妙且幽默的方式让俄方明白挪方的意思。

会。挪俄渔业合作常委会中挪威代表团的一位成员在接受采访时说：

关于俄罗斯的海上转运有太多媒体报道，或质疑其犯罪，或质疑其过度捕捞。我们向俄方代表提起这些问题时，他们也表示很担忧。但我间接地感觉到，他们所说的意思是他们对此已无法掌控。我们进行了一个共同的风险评估：俄罗斯拥有关于转运的数据，而我们拥有海岸警卫队的日志——海岸警卫队登记了一段时期内的所有转运信息。我想，我们于 2000 年在（海岸警卫队北部基地的）主会议厅中将评估的结果公布于大型电子表格上。结果证明，当初挪威海岸警卫队观测所得的转运信息中，只有 45% 向俄罗斯当局汇报了。嗯，此刻的氛围不是很融洽……俄方代表显得十分焦虑，但或许他们没有意识到，根据风险分析，他们可能会遭遇什么……实行配额管制是船旗国的职责，但在此情形下，船旗国显然也不是万能的。世事难料……在这种氛围下……风险评估直白、公开地告诉大家，俄罗斯是唯一存在这些问题的。这是有关尊严的问题。大国跟小国一样被牵扯进无人要去了解的泥淖之中①。

据我的一位受访者称，大约在 2005 年，俄罗斯联邦边境局（参见第三章）开始和挪威当局就捕捞过度问题展开积极合作。挪威渔业理事会共将 53 件调查的案子转交给了俄罗斯当局。其中有 24 件发生于俄罗斯联邦边境局负责的俄罗斯专属经济区，案件得以跟进。但其余的 29 件杳无音讯，这些违法行为发生在俄罗斯专属经济区以外，归俄罗斯民间执法部门管辖（参见第三章）。俄罗斯民间执法部门甚至还对联邦边境局隐瞒了渔船在挪威登陆的数据。我的一位受访者跟我分享了他对此次和俄罗斯民间执法部门展开合作的印象：

（俄罗斯民间渔业部门）一直坚守着（意思是，其并没有退出与挪威的合作），但这种合作就像置身于划艇中：只要我们在一起，我们就能整齐划一地向前划行；可一旦我们分道扬镳，他们就会毫无方向地胡乱划行。但是我们的合作氛围还是相当融洽的；尽管我们在某一点戳到了他们的痛处，但我从没听到过一句不愉快的话。至于民间交往的情况，挺好，那儿的人都很讨人喜欢，只可惜，至少近年来，所有倡议都告吹了②。

他继续解释道，挪威与俄罗斯用来估计鱼群量的联合方法虽于 2009 年被采

---

① 2011 年 6 月在卑尔根的采访。
② 2011 年 6 月在卑尔根的采访。

纳了，但在采用和实施过程中都不是一帆风顺的。挪威和俄罗斯对该方法中"透明度"的规定作出了截然不同的解释。该方法中的 6.4 条款要求双方都提交关于捕捞物转运、运输、交付的"预备资料"。挪威方面认为应达到所有基本文件完全透明的效果。而俄罗斯代表只提交了最终分析结果，拒绝提供挪威所要求的基本文件。其理由是，这些文件包含了海关等其他国家机关的机密资料。因此，我的受访者也并不完全相信过度捕捞真的已经消除。

我问道：真的很难就挪威与俄罗斯的联合方法达成协定吗？

他答道：从某种程度上说，是的……其实在那场最终会议之前，我们本想中途放弃；因为看来似乎不可能达成协议。但随后我们受命必须出席。结果事实上我们居然达成了协议……而（联合方法的）6.4 条款却成了大问题。我们不能完全看到（俄罗斯的基本文件）。（俄）（官方）结果表明捕捞过度问题不再发生了。我们花费良久来制定该方法，却在如何应用上产生了分歧。最终的结果要求完全没有捕捞过度（至少在书面形式上如此）。但我们之间互相推诿，气氛很尴尬[①]。

挪威只得通过一个多边组织（东北大西洋渔业委员会）另辟蹊径来创建一种机制，以彻底消除俄罗斯渔民非法运输鱼类捕捞物的可能性。在此情形下，俄罗斯渔业部门的低层据说是力挺本国渔业，而非挪威的类似部门机构。俄方高层则可谓缺乏主动性，但是传统而言，这类执法活动都是交由低级的管理部门处理的，而不像设定总可捕量那样。这种局面在 2007—2008 年前后有所改变，当时俄罗斯联邦当局——上至总统级别[②]——掀起一股打击非法在俄捕鱼的活动（Jørgensen，2009）。这与取缔巴伦支海的过度捕捞不谋而合，但更多的是针对俄罗斯远东渔业流域，而不仅是俄罗斯西北部。

虽然有这些分歧以及部分失败的倡议，但建设性的对话依然主导了挪俄渔业联合委员会大会议程。正如挪威代表团的现任团长在采访中解释道：

（会谈的）基调是开放的、轻松的。虽然有时我们会彼此怒吼，但多数情况下，我们之间的会谈有说有笑，其乐融融。我们明显感受到了一种须共同承担

---

① 2011 年 6 月在卑尔根的采访。

② 2007 年 4 月，俄总统普京在俄罗斯联邦会议作了年度演说，这意味着其正试图刮起一阵新的改革之风。这是俄总统在发表国家现状报告时首次重点谈及渔业相关的问题，而不仅仅是一带而过。普京呼吁政府制定一套测量制度，以便提升海关监管并防止捕捞过度；他要求停止给国外捕鱼公司以捕鱼配额，还提到了有必要复兴俄罗斯的造船业（Jørgensen，2009）。

的使命感。此外，有需要时，我们像水手那样互相帮助，挪俄渔业联合委员会中也是这样。我们的睦邻关系非常重要，特别是我们在俄罗斯西北频繁碰面的时候更是如此。我们之间有一种现实亲密感的潜在共识①。

新千年之际，尤其是近年来，两国的合作关系在挪俄渔业合作常委会中却变了味：

我们始终是积极主动的一方。倡议总是由我们挪威方提出来的。我们提出那些我们觉得有问题的事务。在（俄罗斯）那儿，他们却总怀疑我们别有用意，企图给他们俄罗斯渔民甚至其俄罗斯国家捣乱。

然而，据我的一位来自挪俄渔业合作常委会的受访者得出的主要结论，虽然俄罗斯的腐败问题仍没解决，但双方的工作呈现出良好态势，氛围也基本融洽：

（1993年至2009年时任挪俄渔业合作常委会挪威代表团团长）其地位是举足轻重的。她同时是我们的，也是俄罗斯的"好阿姨"。毕竟，我们很高兴能与俄方代表一起工作，这很重要。同样，俄方代表也很乐意与我们在一起。我们之间从未有过冲突。我们（挪威方）总是会自觉地努力谅解他们的问题，俄罗斯有些人因与我们太过密切合作而被解职。我们今天所获得的成就，是他们付出代价换来的……（俄罗斯过度捕捞而得的）那些鱼，我们没法取回，但此事最终也呈现出了一些良好的结果……他们是好人。他们"就同我们一样"——是解决这一问题的真正专家。但当前的局势就仿佛有一头怪物始终在暗中潜伏着②。

七、讨价还价的结果

在第三章中我们看到，约翰森和托尔伯格（Jönsson and Tallberg, 1998，第378页）提出了在研究协定签署后讨价还价时必须探讨的3个基本问题：①协定签署后讨价还价的本质究竟是什么？②双方在协定签署后讨价还价的真正原因是什么？③协定签署后讨价还价的效果如何？本章到此为止，我已经明确了挪威主动在协定签署后讨价还价的原因（比如，他们猜测俄罗斯捕捞过度，他们

---

① 2006年6月在奥斯陆的采访。
② 2006年6月在奥斯陆的采访。

还近乎无视科学建议），我还用实例阐明了挪威方是如何做的——有时挪俄两国代表团领导人之间展开直接对话，有时会鼓励两国科学家或技术专家先达成协定。那么成效如何呢？

现在让我们试想下相反的情形，倘若挪威并没有像其实际做的那样主动提出倡议。挪威确实在 20 世纪 90 年代提出了对俄罗斯捕捞过度的怀疑并加以证明。但我们不排除俄罗斯也许会采取单边行动应对捕捞过度的可能性，如果这真的会发生，那也要许久以后俄方才会这么做。这样一来，挪威和俄罗斯之间就不会在 20 世纪 90 年代展开技术法规的广泛合作，也不会采用分离栅（或许也不会采用卫星定位追踪系统）。可捕获总量制度很可能会与科学建议的背道而驰，捕捞控制规则也无法问世——至少，不会是现在的形式。而后在 21 世纪最初 10 年间发生的过度捕捞可能也不会被发现，因为俄罗斯太专注于"纸上谈兵"。甚至东北大西洋渔业委员会机制也不会诞生了，因为它基本上也是应对挪方估算俄方过度捕捞的产物。最后，如若俄罗斯 PINRO 研究所未加入国际科学界，俄方或已勉强使用备用方法（如大气方法）来估算鱼群。

事实上，20 世纪 90 年代初期发生的过度捕捞仅在几年后便停止了（如前文所述，虽然我们对此不能完全确定）。两国展开了技术法规的合作，还采用了分离栅和卫星定位追踪系统。通过挪威的讨价还价，可捕获总量制度更加符合国际海洋考察理事会的科学建议，捕捞控制规则也得以被采纳。据俄方估计，俄罗斯的过度捕捞在 21 世纪最初 10 年末就已经中止了（尽管，对此至少理论上还不太有把握，因为虽然挪俄联合方法被采纳了，但俄方拒不向挪方提交基本文件）。用以估计鱼群的备选模型还尚未纳入挪俄渔业联合委员会的协议中，虽说这更大程度上是受挪威政局的长期影响，而不是协定签署后立刻进行更多讨价还价的影响。虽然我们不能很肯定地说这些决定是"正确的"，但至少这些决定促使巴伦支海的管理更加符合国际科学界以及政治界的共同标准。这所有的一切都是挪威在协定签署后讨价还价所带来的成果——可以理解为是挪威在挪俄渔业联合委员会及其工作组、常委会及其子部门间"在协定签署后进行的所有讨价还价的过程"（Jönsson and Tallberg，1998，第 372 页）。之所以能有如此成效，是因为挪威并不只是让俄方独自履行国际义务（如实行预警渔业管理）及适用所采纳的措施（如可捕获总量制度），而是将讨价还价视为执行双边协定连贯的一个方面（参见第二章）。

这也催生了一些理论性问题，首先，大国俄罗斯为什么会按照小国挪威的意愿调整它的行动呢？是否正如传统现实主义者所说的那样，俄罗斯之所以这么做实际上是出于其自身利益的考虑？还是如新古典现实主义者所说的那样，挪威是帮助俄罗斯认清糟糕的局面？还是如制度主义者所认为的，挪威只是向一个无规可循的国家提供技术与财政援助？又是否如规范理论所阐述的那般，挪威的倡议或许有其必要的合法性？抑或来看另一种制度主义的观点，俄罗斯的顺从是否可以理解成是由于国家间行政程序随时间发酵的结果？这种顺从，或者说是挪俄渔业联合委员会中双方达成的协定，是否成为了一种标准操作规程？这些问题我们将留到第六章再予以探讨。

第五章 协议签署后在个体层面上的讨价还价

现在我们从联合委员会和常设委员会就巴伦支海的渔业范围的谈判桌前离开，从挪威和俄罗斯的科学家与公务员之间的会议来到挪威海岸警卫队督察和俄罗斯渔民之间的交锋。这些会议发生在海上，发生在检查员登临渔船检查渔获量、渔具、捕获日志等文档时，所有这些需要几个小时的时间，所以有充足的时间来进行检查以及其他相关事务。海岸警卫队和渔船之间还有无线电通信，进入 20 世纪 90 年代以后，海岸警卫队配备了俄语翻译，但近年来俄罗斯船长英语水平已经提高到一定程度，翻译不再是必要的。海岸警卫队代表渔业部进行渔业检查，将检查数据送入渔业局并进行额度控制。但是，海岸警卫队不仅仅是"看门狗"，还负责搜索和救援；有时还协助捕鱼船队船员轮换、运输材料和破冰；可以提供医疗援助和其他服务，它是航海界的福音。简而言之，它是国家在这片广大海域的代表①（从斯瓦尔巴德群岛到大陆需要两天时间）。

本章关于挪威海岸警卫队督察和俄罗斯渔民的报告来自于本人对海岸警卫队的观察和对俄罗斯渔民的采访，初次采访在是 20 世纪 90 年代后期，再次采访是在 10 年后②（参见第一章"研究方法"章节），研究重点是在检查过程中检查人员和渔民之间的动态关系，除了检查明显的捕获和文档，什么是检查人员想要达到的？他们如何影响渔民的行为？渔民的反应如何？渔民是怎样调整的？他们是怎样看待挪威海岸警卫队的工作的？在采访中我通常将我的主要问题放在其他的话题中。例如，当渔民在讲述他们与俄罗斯执法部门打交道的经验时，他们对挪威检查员的看法可能是他们最重要的参照物。采访目的并不在于评估巴伦支海渔场的遵守水平——我偶尔听到我的采访者谈及这一点，只是为了了解对海岸警卫队的看法。

---

① 1977 年挪威海岸警卫队和挪威专属经济区一起建立，卫队基于之前并没有多少设备的渔业检验服务。海岸警卫队的北方总部在诺兰县索特兰德，有 9 艘船只；南部总部在卑尔根，有 5 艘船只。20 世纪 80 年代初配置了 3 艘可携带直升机的船（Nordkapp 级）。它们是挪威海军最大的船只，并作为海岸警卫队的北部核心，直到新千年后它们才被两艘更现代化的船所取代。

② 观测数据的部分引用了荷内兰德（1999，2000a）的数据，比先前提供的表现得更加广泛。

我用"渔民"指代渔船上的一般船员，显然，海岸警卫队大多与船舶的船长和其他负责打捞作业、工厂和仓库的高级船员联系，我的大多数受访者是船长或大副，也包括有等级的船员。谁在渔船出海时做决定这个问题在很大程度上并未被触及，人们普遍认为，船东提供关于捕鱼作业的总方向，但船长享有相当大的回旋余地。同样，船长也不是在真空中进行决策，他们会被其他船员所影响，同样包括海岸警卫队督察。和第四章一样，本章主要是实证报告，理论将在第六章进行讨论。

一、一个观察者的报告

挪威海岸警卫队的巡逻区域一般在巴伦支海捕鱼活动最为频繁的地区，在冬季和早春沿着挪威北部的海岸线，在夏季和秋季则是在北方的斯瓦尔巴德群岛区。有时，海岸警卫队的船只在不同渔业区域之间移动，检查从这个区域移动到下个区域的船只（如上所述，他们也有除渔业检查之外的其他任务）。有时候为了检查更多渔船，执法船会在相同的位置停留好几天。海岸警卫队有时还使用直升机对渔船进行突击检查，毕竟，检查员通过小船接近渔船，然后爬上梯子太低级了。

我在第一章谈到，我在挪威海岸警卫队负责翻译工作，有时是渔业检查的见证人，作为一个训练有素的渔业督察，我可以自己带队进行检查，在海岸警卫队的 5 年里，我可能参与了对大约 150 艘俄罗斯渔船以及稍微低于这个数字的挪威和其他国家渔船的检查。检查小组通常由两人组成（一个检查员和一个见证人），有时甚至更多，我一直是检查小组的一部分。一旦上了船，我们通常会受到船长或其他高级船员的邀请在船桥或船长室查验捕获日志以得到对船只最近捕鱼活动的最初印象。我们会在拖网回收到甲板前半小时登船，这样我们就可以在鱼从网卸载到甲板上时在场，我们将对最后一次的拖鱼和渔具进行必要的检查：测量网眼大小和拖网的圆带，计算渔获量（其他物种与目标鱼相比）和衡量足够的目标鱼样品（有时是整个捕捉）以确定小于允许的最小长度的鱼占总渔获的比例。在检查完捕捉和传动装置后，我们将继续我们的工作，看一看船上的工厂（鱼在最后的航程中已经在被处理），或者去仓库，在那里被处理过的鱼以冰冻的形式储存，仓库检查是一个真正的挑战：检查团队需要计算船上的鱼类产品的确切数额，如果船舶还没有开始行程，仓库会装满成箱鱼的制成品，我们会对箱子中的鱼类进行样品测试：标有黑线鳕的箱子装的是不是黑线鳕？这种箱子是不是装着更有价值的鳕鱼？能不能对鱼的大小进行评估（这取决于它的加工程度)? 更重要的是，必须要对箱子的总数进行统计，要知道如果仓库很满这是非常困难的，有的箱子在表面数米以下，而且库房通常还有斜墙。箱子的重量也需要抽查，它们是否有标明的重量? 文书工作在船桥上或更经常的情况下是在船长室继续，检查组将要计算船上鱼类产品的数量，并乘上一定的鱼产品的换算因数 (见第四章)，来看与整个捕鱼日志中记载的捕获量是否相当 (通常是毛重，即鱼被处理前的重量)。之后船长在检查表上签字，检查员结束检查，检查结论通常为无状况、口头警告 (轻微违法行为)、书面警告 (较严重的违规行为) 或逮捕 (非常严重的违法行为)[1]。

　　上述检查并不是一件按部就班的事情: 不管数字是否正确，在法律框架内总是有着充足的空间来对事实进行解释。最简单的部分是文件管理，俄罗斯的捕鱼日志填写得非常细致，我从来没有碰到过俄罗斯船只的捕获日志有严重缺陷，我的那些在检查外国船只上有着丰富经验的督查同事认为，没有一个国家的捕获日志能比俄罗斯做得好[2]。作为一个反复讨论的主题，尽管是挪威的要求，每网收获量必须在鱼从甲板送到工厂后立即由船长估计并记录在捕获日志中，之后再通过 PSH 进行修正。但俄罗斯人通常先把鱼处理好，然后将鱼产品乘上相关系数后，再在捕获日志里填写上必要的数字。俄罗斯认为进行粗略估计是无意义的，因为确切的数据在几小时后就能提供出来，挪威检查人员只能说明这是挪威法律的基本原则: 实际产量不应该从成品重量上倒推出来。当在甲板上检查时，如果鱼和工具都符合要求，我们通常不会有任何争论，如果首次检查显示网目比允许的尺寸要小，船长会要求检查员在拖网的另一部分检查，这是通常做法，如果结果仍然是阴性的，船长会抱怨检查员测量错误，例如测量装置放置的重量过轻。分歧可以通过检查员增加一片铅块来达到挪威法律所允许的重量来弥合。如果一个捕获样本计数超过允许值或者抽样检查发现捕获了过多的小鱼，检查人员会对整次捕获进行检查，甲板上的一致几乎总是能够

---

　　① 在本章的介绍中提到的，我来这里的目的不是来评估巴伦支海渔业的遵守程度，但遵守程度一般很高。我自己的研究中，从 20 世纪 90 年代 (Hønneland, 1998, 2000a) 表明，12% 在挪威专属经济区的检查和 15% 在斯瓦尔巴德群岛区的检查导致了某种反应 (口头或书面警告或逮捕; 不包括斯瓦尔巴德群岛区没有记录的警告)。只有 4% 在挪威的专属经济区和 0.5% 在斯瓦尔巴群岛和群岛内水域的检查引起了逮捕。在 2010 年，18% 海岸警卫队的检查引起了反应，3% 为逮捕; 见 2010 年 12 月 27 日《晚间邮报》。

　　② 然而，作为我的受访者指出的那样，保持多个日志的想法对俄国人来说并不是不相容的。交给挪威检查员的一本必须反映实际捕获，以便海岸警卫队计算捕获量。在理论上，他们会将另一种捕获日志交给俄罗斯当局，因为俄罗斯对船只进行配额控制。自 1993 年挪威当局开始收集在挪威登陆的俄罗斯船只数据后 (见第四章)，这变得更加困难。来自于在挪威渔业部门的受访者的消息，有迹象表明俄罗斯当局将会使用来自挪威的定额控制信息，虽然还没有发生 (卑尔根，2011 年 6 月的采访)。

达成的。但是如果对整个捕获计数和测量后，发现还是不符合挪威法律中对鱼长度的规定，那船长将无能为力。这并不会导致警告，因为并不能仅仅因为一网错误收获而处罚船长，但会要求他换钓位，然后他通常会照做。对库房的检查则有着更多严重分歧的空间，如果检查组计算的实际捕捞是明显大于捕获日志中的记载（这是挪威渔业局报告的基础），船长会抗议："这不可能是正确的"。检查员就要把整个检查重新操作一遍，通常船长会认为在一个装满成品鱼箱子的库房中清点出确切的数量是不可能的。这是要依靠捕获日志的信息。如果检查员认为实际捕获和记录捕获之间确实存在矛盾，结果将是书面警告或逮捕。在后一种情况下，渔船要随同海岸警卫队去挪威的港口进行整体卸载，从而进行更精确的计算。如果分歧不太严重，检查结束后船长将会得到书面警告。然后船长就会经常抱怨计算是不可能百分百正确的，并要求执法需要更宽松和更柔性，通常情况下，检查员会回答："这是零容忍。"①

到目前为止，我描述了检查的构成，并提到了一些检查员和船长之间常见的纠纷。然而，检查不止于此，它也是社交，俄罗斯渔船每次捕鱼要花几个月的时间，我一直认为盛情款待是俄罗斯文化的一个重要方面，当挪威检查小组登上俄罗斯渔船，然后，情况就像是"访问"，俄罗斯人会说"你最后一次拜访我们的时候"，而不是"你最后一次检查的时候"。在"访问"的时候，最好的食物被拿了出来（在我之前，据说是最好的饮料），打破了正常的流程，然后交换意见、故事和纪念品，我们吃晚餐，听俄罗斯船长讲他们人生的故事，展示他们妻子的照片，孩子、家庭和城镇，并讨论所有关心的话题，从咖啡的价格到世界政治和文学名著，检查员和船长之间的关系变得更加微妙，比人们预料得要好，不像是"看门狗"和调查对象之间的关系。至少，这造成了一种氛围，我得到的印象是，俄罗斯渔民想尽力在俄罗斯法律允许的范围内满足挪威海岸警卫队。是的，俄罗斯确实拒绝在斯瓦尔巴德群岛区签署检查表（因为俄罗斯不承认这一地区为挪威的，参见第三章），但是，往往伴随着歉意的微笑和类似于这样的评论："我想签，但是你知道这是我们政府的要求。你和我，我们都是海员，并不希望冲突，但政客们总能找到争吵的事情。"是的，俄罗斯人捕鱼用的网眼尺寸确实小于挪威在斯瓦尔巴德地区所规定的最小尺寸（又：俄罗斯不承认这一地区为挪威的，所以俄罗斯渔民使用的拖网与在俄罗斯海域相同，较

---

① 如果存在一个限度，但这个差异并没有在文件中明确规定，或许是不想透露可接受的水平。如果说，（随机选择）3%是允许的，那么1%~2%的误差就不会记录在检查表中，因为渔民会明白这是在宽容的既定水平中。相反，核查人员只是记录，容忍的限度就不会被发现。

小的网眼尺寸是俄罗斯规则所允许的）。几乎总是，当被要求换上挪威标准的网时，他们会立刻更换（他们有这样的网，因为他们在挪威的专属经济区捕鱼），然后对没有事先遵守挪威法律（只按照俄罗斯法律）道歉，并伴随着对海岸警卫队的赞美，船长说他希望他能签署，因为没有海岸警卫队巴伦支海就失去秩序。[①] "海岸警卫队与俄罗斯渔民对制度的不一样认同就像挪威语 kystvakt（y 的发音如西里尔字母为 u；Kystvakt 意思是'海岸警卫队'）在俄语里被翻译为 Beregovaya okhrana（意思是'海岸警卫队'）一样。Kystvakt 是一回事，（俄罗斯人自己的）Beregovaya okhrana 是另一回事。"[②]

海岸警卫队在阻止渔船在小鱼比较多的区域捕鱼的努力值得特别关注，在挪威的专属经济区，渔业局可以关闭这些区域，但在斯瓦尔巴德群岛区——混杂鱼苗是最为普遍的——渔业局只能要求渔船离开（再次：由于在这片海域有管辖权争议）。海岸警卫队会登临在这片区域的船，并向船长出示对捕获小鱼数量的清点结果，检查员会试图说服船长继续捕鱼将会危害鱼群生长，并希望他们考虑到小鱼没有什么价值（在我的印象里，比起他们眼前的经济利益，恳求更针对渔民的良心和关注的鱼类种群的生物活性比）。另外，在我的印象里，这样的要求取决于海岸警卫队对证据的良好获取。有时证据是压倒性的，然后执行是相当直接的，其他时候俄罗斯会要求进行深入调查，或者出示给海岸警卫队一些自己在捕鱼中或是在该地区的俄罗斯研究船发现的其他信息。例如，他们可能同意在这个区域确实混合了太多小鱼，但只是在特定的捕捞深度，在一些情况下，海岸警卫队会根据这些从俄罗斯方面获取的信息收回自己的请求，在罕见的情况下，俄罗斯始终不认可海岸警卫队的证据。这是一个事件，导致了 1998 年第一次（尽管被迫终止）在斯瓦尔巴德群岛区对俄罗斯船的逮捕（见第三章）。

以下摘录一个我自己的报告说明海岸警卫船执勤典型的情况：

在 Storfjord Trench 的检查主要关注了捕鱼中被携带上来的鱼苗（鳕鱼、黑线鳕、鲑鱼）的情况，我们对所有的船进行了 10 千克毛鳞鱼抽样的捕捉检测，毛鳞鱼的尺寸一般是符合要求的。但我们在所有船上都发现了上述鳕鱼等品种的鱼苗。

俄罗斯人会一再坚持说他们之前的捕捞中没有鱼苗；他们倾向于将鳕鱼称

---

① 我是从自己对海岸警卫队的报告中发现的这个方法。船长很可能不是唯一表达这种观点的人。

② 只是在联邦边境服务接管了俄罗斯的专属经济区后（见第三章），Beregovaya okhrana 的使用频率才变得比较多。

为北极鳕鱼（一种较小的鱼，但与东北北极鳕鱼不相同）。平均而言，我们一般检查出鱼苗在 10 条到 15 条之间。

1991 年 11 月 7 日上午，我们被告知，渔业局要求俄罗斯停止东经 17°到 22°，北纬 76°到 77°30′区域的毛鳞鱼捕获作业，此外，并将此通过电报告知了 Sevryba（俄罗斯西北部的渔业公司和组织的国家联盟），在接收该信号（电子信息）前，我们已经检查了 MB－0129、Polesye 等船只，并找机会问船长，他认为俄罗斯会对这样的请求作何反应，他说，他们若收到陆地上的指示就将停止在此捕鱼区作业，但这只会发生在周末之后，因为 11 月 7 日和 8 日是苏联的国家法定节假日（与革命庆祝日连接，是今年最后一次实行）。直到 11 日周一，才会有 Sevryba 办公室的工作人员将渔业局的电报传给渔民。

在 19 点 30 分毛鳞鱼船队广播渔获量之前，我将禁渔要求通告了船队，之后他们抱怨说不能理解我们有数据证明可以关闭这样大的面积。

在捕获报告之后，该船队首席（俄罗斯船只的协调员）说他已经就这一情况与陆地上的当局进行了联系，当他收到回应后就会通知船队。

船队首席特洛夫大尉（Kapitan Telov）在 MA－0060 船上。当天晚上的 21 点，我们登上那艘船。起初，他似乎很冷淡，但逐渐放松之后他给我们留下了一个非常善意的印象。当我们将计算出的整个船队在今天的作业里捕获的鱼苗数量出示给他时，他也认为在这个区域继续捕鱼是不合理的，他向摩尔曼斯克发了电报，告知他们渔业局的要求，但向我们解释，可能只会有值班报务员，很难有更高级别的员工，因为他们可能会外出庆祝，但是他答应第二天早上会打电话，那时应该会有相关工作人员在。

第二天我联系了船队首席，他告诉我，他已经接到通知，派出研究船到存在问题的东部地区，他要求这艘船在当局对挪威的要求表明立场之前进行一些渔业拖拽。

同一天晚些时候，我们检查了一艘俄罗斯船和一艘拉脱维亚船，发现渔获中鱼苗的比例急剧增加（在后面的检查中发现了 76 条鳕鱼、27 条黑鳕鱼、115 条鲑鱼和 2 条鲱鱼在 10 千克毛鳞鱼中），我们立即联系船队首席，告知他我们最新的检查结果。我们重申我们的请求，必须立即停止捕鱼，他承诺再次打电话给大陆上的政府，不久之后，他打电话告诉我们，所有的船将在午夜停止捕鱼。[1]

---

① Tolkerapport（K/V Stålbas－011191－141191），作者的文件。

　　在这些情况下，社交的作用可能是重要的，如果渔民没有立即接受海岸警卫队的要求，检察员将在船上花费几个小时的时间来解释要求背后的理论基础，计算小鱼捕捞量以及争论它对每个人长远渔业利益的损害。检查员可以和俄罗斯人进餐，喝一杯咖啡放松一下，有时甚至打个小瞌睡。挪威的说法并不总是被证明是最正确的，挪威当局也不是不愿意考虑俄罗斯方面的信息。有时会遇到相当困难的检查，例如俄罗斯船长对挪威督察的论证表示强烈不同意，但是，当不需要走多远就能离开封闭区时，或多或少正正经经地解决这个问题的方法将会通过下一盘棋来决定。争吵会在游戏中持续，如果俄罗斯赢，他们将留在这里。当天晚上，封闭区划界线将会根据俄罗斯船长的位置进行调整。

　　我认为，海岸警卫队是航海社区的一部分，在那里每个人的作用有明确的功能定义，并在很大程度上通过功能界线连接彼此。这种像是社区的感觉不会减弱融入在斯瓦尔巴德群岛最壮观的景色中并围绕着极地浪漫主义的相互合作，这可以说是在这些极端气候条件下的偏远地区维持生计的人们之间天然产生的社区精神。当检查员和船员相遇在极夜，喝一杯咖啡，开始谈论冰何时会从东面漂流过来时，情况会像是极地海域的同事之间的对话而不是"看门狗"和一个潜在的罪犯之间的会议。

　　值得注意的是，海岸警卫队和俄罗斯渔民之间的关系并不像海岸警卫队和挪威渔民之间那样融洽，语言和文化的障碍是明显存在的。① 同时，据我观察，在20世纪80年代末和90年代初的一段时间里，与挪威海岸警卫队的关系可能比早些时候要好，那时双方的管理制度是不成熟的，苏联人在世界其他地方捕鱼，比90年代末俄罗斯渔业当局指控挪威在他们的执法活动中歧视俄罗斯渔民时要好。最后，读者可能会理所当然地怀疑我只记得我在巴伦支海20年里"阳光的故事"，甚至更糟，"选择留下"适合我理论的材料，"选择舍去"不适合的。对此，我只能说我的观察记录是在我进行理论研究之前完成的。当我第一次来到巴伦支海的时候，我惊讶于渔民和督察之间关系的友好氛围，特别是他们愿意聆听对方的论点。在海岸警卫队的最后时光里，我已是政治学硕士，阅

---

　　① 在我20世纪90年代后期的采访中，挪威渔民和渔民代表以及俄罗斯受访者对海岸警卫队和检查官都留下了比较好的印象。一个渔民说："自20世纪60年代末我已经在这个行业里了，这是我们想要的海岸警卫队；有些东西可能是要批评的，但我们与他们一起解决问题。"另一个："（检查官）都是有教养的人；他们坐下来和我们聊天，他们确实这样做。"与俄罗斯相比，挪威人也表示由于海岸警卫队的管理和领导，它更像是组织（Hønneland，2000a，2000b）。有渔民代表谈及在索特兰德的海岸警卫队北方总部的有关人员时说道："我经常打电话给他们，只是聊下海上的情况。"渔民说："我们与索特兰德基地的关系很好。（指挥官）是一个非常公平的家伙。"

读的是哈贝马斯的交往行为理论："与会者将意见主体化并尝试通过论证来为之辩护或批评"、"行为或陈述可以被有关的某些人批驳或辩护，而这恰恰就是他们为了能够证明自己是正当的或有根有据的"（Habermas，1984，第18页）。将我的眼睛从书本转移到检查员和渔民之间的接触，我认为这是交往行动在起作用。[1]

二、20世纪90年代后期俄罗斯渔民报告

在20世纪90年代后期，我采访数据最显著的特征（参见第一章"研究方法"）是对挪威海岸警卫队超出期望的几乎一致的好评，有些人甚至认为海岸警卫队是渔场不可或缺的因素。一些受访者谈及了与海岸警卫队督察在具体问题上的意见分歧，特别是表达了他们对检查人员不接受船上使用俄罗斯规定的渔具尺度而坚持挪威规则的不满（有时会导致不同的结果）。更普遍的是，某些船长表示挪威的执法力度有些"夸张"或"进攻性太强"，另一些人认为，相比于俄罗斯的执法主体，挪威海岸警卫队过分关心寻找违法行为，而且不怎么在意帮助渔民找到鱼群[2]："挪威海岸警卫队试图找出所有违法行为，然后来惩罚他们，这样做是不正确的"，[3]然而，在整个采访样本中，几乎所有人都认为海岸警卫队履行其职责是有益于挪威和俄罗斯渔业社区总效益的。大多数受访者认为，海岸警卫队严格、公正执行了法律法规，对待渔民的态度是开放和善解人意的。当被问及他们对海岸警卫队督察的印象时，许多人强调了个人素质的重要性："一切都取决于人的素质，一打交道就会知道"，在大多数情况下，对海岸警卫队人员的印象是正面而积极的："我从来没有看过挪威人员做过违背常识的行为。"执法人员的预测和估算一般是正确的。用来描述核查人员典型的词一般是"kul'turnyy（有教养的）"和"gramotnyy（有文化的或开明的，或者受过良好教育的）"。挪威检查人员似乎是公平和廉洁的，俄罗斯渔民认为俄罗斯执法人员则与之相反："他们的执法行为'儒雅（kul'turno）'，虽然严格，但人性化、现代化，他们坚持依法检查。"同样的说法还有"检查员不会滥用执法权"。此外，还强调了执法人员的文明行为，"他们不粗鲁（ne grubyat）"。另一个渔民

---

① 我的硕士论文是关于巴伦支海渔业执法的力量和交流（Hønneland，1993）。当时，我更是靠"大"哈贝马斯的理论多过研究在文献中出现的渔业的新问题。

② 在俄罗斯，科学和执法船只是用来协助捕鱼船队定位鱼群的；见荷内兰德（Hønneland，2004）。

③ 正如第一章所提到的，我没有提及何时何地对俄罗斯渔民进行了采访，除了1997年和1998年在挪威港口的各种采访。这样做是为了确保被访者和那些帮我安排采访人的匿名。

提到了对海员共同的尊重："我们有良好的关系，检查人员是礼貌的，我们在海上尊重彼此，我们都努力工作。"一位受访者甚至将他对海岸警卫队的态度提升到了对北方国家挪威的尊重：

挪威人是精神饱满的，他们在恶劣的条件下艰难地生活。为了生存，法律不能有丝毫偏差。与非洲不同，那里香蕉会从树上掉下来。这就是为什么我尊重挪威法律。我知道这是必要的（遵守它）。我尊重挪威人民。

受访者似乎普遍认为，现行的执法制度相当严格，监测范围非常广、检查频率非常高、制裁非常严厉。有些人甚至说，由于"严格的制度"，在挪威的专属经济区捕鱼十分不易。将巴伦支海通常情况下的执法与俄罗斯渔民在其他地方受到的检查相比较，会得出："比起北方来，作弊在这里是很危险的事情。"渔民将北方和东方（太平洋或俄罗斯的远东渔业盆地）进行了对比，明确认为俄罗斯管理混乱，挪威管理有秩序："你们有秩序，我们不行。"此外，虽然有人认为检查的频率太高，但大多数人认可现行执法的强度："控制是必要的。没有控制就会出现更多违法行为。"另一些人将遵守法规的行为理解为道德："法律就是法律，它必须遵守。"最后，我大部分的采访者表达了海洋科学在巴伦支海渔业管理方面的作用：

当然，对鱼类的研究是必要的。专业研究船舶工作做得非常好，但不包括商业船只的研究人员。他们的主要工作是捕鱼。专业研究船舶做他们按规定做的事。他们是重要的，必要的……

另一个渔民说：

我对海洋科学家们有一个积极的态度。巴伦支海不是永不枯竭的。冷漠的数量检查是完全正确的，要为后代保护鱼类。我没有能力评估他们的估算是否正确；这是一个特种科学。

我早前提交的采访材料是对鲁宾和鲁宾（Rubin and Rubin）"文化访谈"（Hønneland，2000，第143-151页）理论的适用。我们回顾一下第一章，这些作者从访问者和被访问者的信息中整理出了各种调解形式，并以记叙文的手法将特定的事件的各种要素（何时、为何和怎样）进行了详细的描述，并展示了某种道德观或表明了主人公的世界观。当报告被用来描述一个特殊的行为时，这些故事则表达了这个社会最重要的道德规范和价值观。这些景象是他们所期望出现的，最后，主题是对真实或预期行为的重复描述。

大体上，我的俄罗斯受访者都强调了秩序是巴伦支海渔业的主要特征，有些船长甚至说他们害怕在这里捕鱼，因为这里有严格执行的规章制度，他们将海岸警卫队人员描述为"文明的"和"称职的"也体现了这一点。这些访谈的主题可归纳为一点："我们不敢作弊，在巴伦支海捕鱼是有秩序的，挪威检查员是严格和廉洁的，同时也是公平的，他们行为是文明和优雅的。"这大概能对挪威海岸警卫队督察的效能进行说明。受访者对国人（或者前同事）进行了赞扬，同时也声称检查频率具有"高度攻击性"，或要求能够在一次又一次的检查中作些弊。

然而，更多的是，认为俄罗斯是缺乏秩序的（poryadok），必须从外部导入秩序是俄罗斯历史的中心议题，它的历史可以追溯到 9 世纪俄罗斯首个皇帝时期，根据中世纪的编年史，斯堪的纳维亚人收到过如下信息："我们的土地宽广而强大，而且非常肥沃，但我们没有秩序。你能统治我们吗？"类似的论调在 19 世纪的西方哲学家和后冷战时期的政治家都有提及，它也反映在俄罗斯的日常生活中。在俄罗斯的公司待过一段时间的外国人都会发现类似的情况："哦，我们俄罗斯人！我们也想要好的品质和达到最好效果，但我们没有秩序！"[①] 因此，可以把采访看成是故事，他表达了受访者的价值观，或者广泛存在于受访者脑海中的固有观念。当观念被重复了多次以后就成了真理和在沟通中所期望的行为。在这种情况下，俄罗斯渔民认为，在俄罗斯海域没有秩序，而在西方有。

总之，也可以把俄罗斯对挪威海岸警卫队的称赞比作一小撮盐，受访者可能只是出于礼貌或更在乎自己的缺点，或者他们可能只是想表达自己的标准和价值观，或在俄罗斯社会广泛认可的观念，但它不也说明了决定作用吗？（见叙事理论的观察报告，第一章第 19 节）或者说，"在西方，是存在秩序的"使俄

---

① 在我自己西北俄罗斯叙事与认同的研究中，我选择了"秩序"作为我"关键"的"关键词"（Hønneland，2010）。它是俄罗斯与西方以及南北（俄罗斯）演变的核心概念：北方意味着"秩序"，南方则是"混乱"；"西方"是"秩序"的代名词，俄罗斯则是"混乱"。南希·里斯 Nancy Ries（1997）同样认为灾难与生活在俄罗斯共存：这是一个神话般的土地，所有的一切都指向错误；它是一个巨大的充满着不便、解体和混乱的主题公园。"你知道这个国家是什么吗？"一个被采访者问她，"这个国家是个反的迪斯尼乐园！"（Nancy Ries，1997，42 页）这是谈话的点睛之笔，体现了苏联后期的社会混乱与荒诞。我们的童话故事是被调查者所使用的另一个比喻，指的是苏联政府巨大的政治计划（Nancy Ries，1997，43 页）。而俄罗斯童话通常是以这样的声明结束，"这种事只可能发生在一个国家，那就是俄罗斯"（Nancy Ries，1997，49 页）。然而，Ries 认为，"反的迪斯尼乐园对俄罗斯也有积极的文化价值。当'俄罗斯故事'有了悲惨的元素，就成为了迷人、有趣和惊人的史诗，使人们亲身感受到了俄罗斯戏剧的强烈性（Nancy Ries，1997，第 46 – 49）"。"当他们在国外的时候，俄罗斯人会对自己的国家感到羞耻"，她的一个受访者说，"但他们都以自己是个俄罗斯人而自豪，他们来自这样一个国家，它有这样一个奇怪的历史"（Nancy Ries，1997，第 50 页）。

罗斯人在挪威的水域中变得守法，在本国则可以无拘无束地作弊？

三、10 年后的俄罗斯渔民报告

我最近的访谈材料比我 20 世纪 90 年代的数据更加多元化，主要有以下几个原因：有更多的采访，在各个挪威港口的部分是由我和我的同事采访的，而摩尔曼斯克的部分则是由俄罗斯的研究人员采访的（详见第一章）。尽管有指向不同方向的趋势，但受访者的观点却是相当类似的，大多数渔民再次描绘了一幅挪威执法系统有效，挪威检查员严格、考虑周到和廉洁的画面。几个例子：

挪威的系统十分有效，它运行得很好，我们试图建立我们的系统，而挪威人已经使用了超过 20 年。

他们的系统，很好，很有效，他们将所有功能都集成在一起，你必须要严格报告。所有捕获日志和文件都需要盖章；你不能做一个副本，不像在俄罗斯，你可以有三套日志和文件。

挪威的控制是有效的，因为它是系统的和精确的。他们为资源而战。干得好！

一些渔民将挪威检查员和他们的关系描绘成一幅美丽的图画，有人说，检查是以一种平静的形式展开的：

顶级！检察官是没有偏见的，他们就像实用主义（挪威语 Fingerspitzengefühl）一样，当核查人员上船，他们马上会产生一种直觉，如果他们发现任何"错"，他们的行为会是官方和正式的。但是，如果一切正常，他们可以跟你称兄道弟，和你一起喝茶。

在这一轮的采访中更常见的是对挪威检查员太苛刻、难以交际和歧视的描述，并逐渐形成了挪威渔业执法"有效"的形象，只是俄罗斯渔民成了这项政策的"牺牲品"。也有温和的评论，例如严格的系统产生了良好的效果，或者说，人的素质保证了制度的严格执行。这里有几个例子：

我不知道挪威人是怎么监视挪威渔民的（我该怎么说呢？），但我们一直都在被要求，他们通常不浪费任何言语。如果他们发现什么，他们不会听我的解释。他们只对自己的工作感兴趣。例如，他们经常只是检查捕捞日志，而不会看航行日志一眼，我不想在更广泛的全球背景下评估他们的工作，但是他们的努力，可能是有价值的。

检查是非常严格的；你简直不敢跟他们开玩笑。有时他们做的每一件事就是为了找到问题——即使是轻微的小问题。也许是他们的老板指示他们这样做，或者他们只是自发如此认真——我不知道，但他们确实严格，经常性的。

他们工作很好。检查人员总是很准确。有时他们也会表现得太过官方，例如，他们测量网眼尺寸时，如果网眼只是比规定的小一点点，他们立即把它定义为犯规，这可能是挪威人很难取悦这一普遍的观点的由来。但它是个体的，毕竟，挪威人和我们一样也是人。

是的，挪威人工作，但如何？他们轻轻拍打他们的同胞，但试图让我们倒下。

我在20世纪90年代采访时，海洋科学几乎无一例外地被尊重，典型的标签是"非常好"、"非常先进"、"非常必要"和"非常严肃的东西"。现在一些受访者——和前一轮采访一样——认为他们没有足够能力进行评估：他们会以"我不是科学家……"开始。对俄罗斯检查员的印象则是模糊的，说法也十分有趣，一个船长被问到如何有效评估俄罗斯执法体系时说道："这样一个问题甚至不值得问！"有些人说他们从未在俄罗斯专属经济区接受过检查，"甚至从来没有听说过谁曾经被检查过"。有的说：

（俄罗斯）边境守卫几乎不在海上，你可以通过他们的行动来查询天气：如果他们出海，这意味着天气会好；如果有暴风雨要来了，他们会第一时间离开那地方，对他们来说，到海上去是件大事，是可以作为报纸和电视播放的内容。

有许多对俄罗斯督查资格的抱怨，奚落边境管理人员根本就不知道什么是渔业，只有FBS的其他经验（见第三章）。"不幸的是，许多检查员根本不能区分鱼的种类，特别是军方的检查员（从事边境服务的）……其中之一曾经是军事指挥乐团团长！"另一个渔民谈及检查员时说："他们只知道鱼是来自餐馆！"许多人提到了督察的腐败，这经常被归结为来自于混乱的俄罗斯、"俄罗斯心态"或"俄罗斯世界观"。一个渔民说："俄罗斯人不喜欢遵守法律。俄罗斯人制定法律只是为了去违反法律。"（笑）。大多数受访者同意，俄罗斯船只确实存在过度捕捞，但也声称这一情况已经减少了。① 他们中的大多数认为，过度捕捞不仅仅是由于俄罗斯渔民造成的。当被问到在巴伦支海的过度捕捞是否主要是由俄罗斯渔民造成时，有人大声说道："你说什么？挪威人也偷！但他们用聪明的方式偷，不像我们：用原始的方式。"挪威和俄罗斯在联合委员会的协同管理普遍被认为是积极的，一些受访者说："挪威在与俄罗斯的合作中扮演着'领导者'的角色。"其中一个说："我认为挪威一直很积极……积极倡导监管和执法。与远东不同，日本不是很活跃。"

正如这段所介绍的，20 世纪 90 年代后期和 10 年后对俄罗斯渔民的采访之间有许多相似点，最主要的观点就是挪威的秩序和俄罗斯的混乱。和之前所讨论的一样，我们完全可以怀疑这样的陈述是否来自于受访者切身体验和自身的思考，或仅仅是由于对这个话题人们通常的反应："来自于神话，鲁宾和鲁宾（Rubin and Rubin's，1995）的观点。"我对俄罗斯渔业检查生动和嘲弄的描述有点惊讶，再加上人们声称俄罗斯执法船只几乎不出海。为什么如此庞大数量的渔民会有对俄罗斯渔政检查人员显然是真正的经验，但是他们几乎没有见过检查员，怎么会是所有？我向俄罗斯记者提出了这个问题（见第一章），她回答说她也是这么想的。她说"通常当我们俄罗斯人谈论我们的当局，特别是检查机构时，我们只是想当然地认为他们是无能和腐败的"。在这一背景下，需要谨慎看待我的受访者对挪威执法的看法，它确实是"真的"吗？这可能是对神话的反射，西方是存在秩序的？无论怎样，如果没有其他说法，我们认为这些声明或多或少是真诚的，它们形成了俄罗斯渔民对挪威在巴伦支海的管理的两个主要看法。第一个大致是这样，在我 90 年代的访谈中有类似的说法："挪威执法是有效的；检查人员公正廉洁。如果一切正常他们尊重你，甚至会坐下来和你聊天，喝茶，称兄道弟。"然后是第二个，有点联系，但重点不同："挪威的执法是有效的，但这是有代价的。检查人员很难对付，如果他们发现任何可疑的东西，他们不想听你的论点。你最好待在遵守法律的那一边！"两个论调中都说明了挪威海岸警卫队的管理是有效的。他们同样含蓄地指出：只要检查没发现

---

① 虽然我们不能排除我的受访者实际上是充分了解俄罗斯在总体水平上跌宕起伏的过度捕捞的可能（实际上我怀疑他们对俄罗斯的公共问题关注有限），他们所叙述故事之间的相似性，实际上可能反映了其叙事的惯例，而不是现实。格根（Gergen，2001，第 254－255 页）声称，"为了保持对文化的理解，讲述一个故事必须使用普遍接受的规则和叙事结构。如构建一个生活故事的例子，美国青少年将他们的生活故事描述为早期快乐，青少年时期困难，目前处于上升期，这并不反映他们的真实生活，叙事来源于他的记忆，生活中事件似乎并没有对故事形式的选择有影响；在很大程度上它是叙事形式，设置事件算是重要的理由"（Gergen，2001，第 255 页）。

问题，一切都是美好的，但是他们总是能准确不断地找到问题。在我的第二轮采访中，第二个主题比第一个更为普遍，这是不足为奇的，因为俄罗斯政府和俄罗斯媒体在90年代后期经常认为挪威在巴伦支海对俄罗斯渔民的执法是存在歧视的（见第四章）。

四、讨价还价动态

在我自己对挪威海岸警卫队的观察中，我对检查员和渔民在巴伦支海的交流——某种程度的讨价还价——进行了大量的记录。讨价还价的最好例子就是海岸警卫队努力说服俄罗斯渔民停止在混有太多鱼苗的地区捕捞（主要是在斯瓦尔巴德群岛区，这一地区无法使用强制措施），其基础就是不断地交流，其主要手段就是在科学和注重实际的基础上进行的讨论。检查人员请渔民本着自己的良心，为自己的长期利益着想，更重要的是，出于他们自身对常识的判断。渔民被迫换钓位不是因为继续在同一个地方会是违法的，而是因为待在这里只能捉到很多小鱼苗，这是没有意义的。沟通是双向的：海岸警卫队（与对这些问题做出正式决定的挪威渔业部）会综合考虑俄罗斯人的实践经验，如果俄罗斯渔民或研究船有更详尽的数据和更令人信服的理由，比如关于鱼苗在不同的深度的比例，挪威人将会修改他们最初的要求。实际上"要求区域"（request areas），或者说要求渔民远离的地区的大小是基于挪威执法主体和俄罗斯的捕鱼船队之间的讨价还价而达成的。

实际上，检查过程中的讨价还价并没有太多的余地，但是可以有大量的沟通、解释和理由。检查员一般都会对检查程序背后的挪威规则进行解释，如果第一次网眼尺寸的现场检查发现有违规，他会愿意再测量一次，如果需要的话，他会把金属的重量也算上。如果在捕获样品中发现混杂了太多的小鱼或其他鱼种，他会测量或计算整个捕获以得出精确的混杂率，如果检查员的计算结果和报告渔获量之间出现差异，他会在船长面前再进行一次计算。检查同时也是社交，我认为，沟通并不仅限于捕捉、文件和渔具，也可以跨越到私人领域。可以说，他们是一群在遥远的、气候恶劣的地方谋生的人们。此外，挪威的执法主体和俄罗斯的捕鱼船队之间的良好氛围使渔民更倾向于遵从检查员的要求，在俄罗斯当局的限制下。

但讨价还价也是有限度的，据我观察，检查人员不会刻意忽略违规行为，即便是很小的问题。对捕获和装置的所有测量数据都会记录在检查报告中，同样，即使是与捕鱼没有直接联系的小的违规也会记录在案。例如，如果使用了不正确的旗帜，或检查人员登船使用的梯子有破损，渔船将被给予口头警告（并记录在检查报告中）。即使是渔船日志中出现了一些与渔业管理没有直接关系的小错误，也会被同样对待。检查人员的要求十分琐碎，例如渔船应该按照船长最乐观的估计将最后一网的捕获量填写在捕获报告中，而不是等到捕获物处理好后填写一个更精确的重量，对俄罗斯船长来说，这是一个很大的挫折。讨价还价是有限度的，同时沟通也是有限度的，检查人员是不会透露船上实际渔获量和报告的捕获量之间允许的差，检查人员甚至不承认存在这种灵活性，令许多渔民倍感恼火。

　　我对俄罗斯渔民的一些采访证实了我自己的观察的合理性，但是他们中的大多数认为挪威检查员和俄罗斯的捕鱼船队的关系并不十分积极，大多数受访者认为检查人员是公平和可以预测的，有些检查从常识上来说应该是合理的。我的主要印象，特别是在访谈的最后一轮，是挪威督察被认为"很难取悦"。就像是检查人员搜索违法行为是十分严苛的（他们所做的一切就是为了找到违法行为），缺乏灵活性，"如果网甚至只是比允许的小一点点，他们立即会定义为违法"和不愿听俄罗斯人的论点（"通常他们行动时不会多说一句话，如果他们发现了什么，他们是不会听我们解释的"）。对俄罗斯渔民来说，最恼人的就是检查人员不能够为挪威规则给予俄罗斯人认可的合理解释（例如，必须马上估算最后一次捕获的重量，而不是填写捕获物被处理前所得到的更准确的重量的规则）。挪威的执法系统被认为是有效的，但许多受访者声称："这需要付出代价。"最明显的代价就是缺乏弹性。不同的对象有不同看法：有些人认为严格的控制是一个问题（"这不是正确的事！"），也有些人认为这是应该坚持的（"干得好！"）。①

　　那么什么是巴伦支海渔场的真实情况？是极地船员亲如兄弟还是存在着东西方的对立和沟通障碍？这并不矛盾；我认为它们都存在，或者至少它们都存在过。在20世纪80年代末和90年代初这段时间里，两国的渔业关系呈现出一幅"幸福的画面"，但我有充分的理由认为这是之后20年中少有的时光。在20世纪90年代后期，特别是1998年挪威第一次尝试在斯瓦尔巴德群岛区对俄罗斯船只进行逮捕，并在三年后首次实施了逮捕（见第三章）后，挪威和俄罗斯之间的渔业关系持续恶化。在俄罗斯媒体和俄罗斯高级渔业官员（见第四章）的

　　① 这是一个可以仿效的案例，可以看到挪威执法系统有助于挪威和俄罗斯渔业社区的长远利益，这是一件好事，尽管作为一个有效的执法系统有一个不可避免的副作用——会侵犯一些渔民目前的权利。

宣传和表述下，俄罗斯的渔民开始认为挪威海岸警卫队对他们存在歧视。这种情绪被我的采访所证实，在第一轮采访中几乎没有（在所谓的歧视之前），但在第二轮采访中相当普遍。此外，也可能是由于挪威海岸警卫队在员工中配备了口译人员（直到 90 年代末），从而使海岸警卫队和俄罗斯的捕鱼船队之间的沟通更为流畅和"有效"。现在俄罗斯船长的英语可能比 20 年前更熟练，而且海岸警卫人员有俄罗斯语言和文化的知识已经被俄罗斯渔民认为是一项额外的服务，这些既方便了交流也使渔民更乐于接受海岸警卫队的请求。正如我们已经看到的，对具体规则缺乏解释是最令俄罗斯渔民感到恼火的。至少，在翻译人员可以促进交流的情况下，是有这样的需要的。

航海社会团体的渔民之间在看法上进行富有成效的沟通交流可能性极大，因为海上的人们跨越各自功能界线而相互尊重（"你和我，我们都是海员……"）。这可能是由于挪威海岸警卫队努力使渔船远离混杂着太多小鱼的区域。然而，这似乎是在谈判结束时。挪威检查员是训练有素的，在渔船上他们行为正确，举止礼貌，而且他们发现违法行为时并没有正式的协商余地。在我的观察中从来也没有看到发生过（秘密的或没有法律基础的）。我曾在别处（Hønneland, 1993，第 93 - 98 页）表达过这样的观点："挪威海岸警卫队拥有强大的组织文化，这促进检查和反应的谨小慎微。"让个人的判断影响决策有一个组织禁忌。同样，挪威渔业立法中对不同等级处罚的空间很小（见第二章），如果法律要求，即使琐碎的小事也会写在报告检查表中（尽管罚款是由多次违法累计的）。检查人员不愿意透露实际差或回旋余地，他们否认有这样的事。执法系统没有多少灵活性，协商空间极小（至少在检查中）。

五、讨价还价的结果

因此，由挪威海岸警卫队在巴伦支海渔场讨价还价的结果通常能够有限地减少鱼苗和其他小鱼类所受到的捕捞压力，特别是在斯瓦尔巴德群岛区。不可低估这个成就。巴伦支海的北方地区有大量的小鱼，除非混合比变得很大，完全超出了"可用"范围（这几乎不可能），渔民是不会停止在这样一个地区捕鱼的。如果我们没有在第四章最后一节的举措，并且想象下如果在巴伦支海渔场没有挪威海岸警卫队尽早停止捕捉小鱼的倡议，大量的鱼会在被可用于人类消费前离开大海。最有可能的是，小鱼也只会被简单地扔到海里，尽管根据挪威和俄罗斯渔业法规这是违法的（这是违法的，但只有当检查人员真正登上渔船这种行为才可能被发现）。我并不能准确评价这种行为在科学方面的后果，但这显然会引起不能可持续地利用鱼类资源；它也会干扰对库存评估的科学模型，因为丢弃的鱼是不会被记录在任何统计中的。此外，在挪威渔业制度化体系之外很少有人知道海岸警卫队这部分的执法活动，因为它缺乏媒体所需要的吸引人的情节。总之，这是一个执法机构和渔民之间日常讨价还价的最好的例子。在检查中有多少的讨价还价的余地？我确定在挪威检查员那里并没有正式的讨价还价的余地并得出了在实践中讨价还价基本不会发生的结论，支持我的是组织文化，它可以增进纪律性并确保"按部就班"。我的报告可能有一个看起来像是讨价还价的例子：检察员建议通过下一盘棋来解决纠纷，但那是非正式的。应该指出的是，这发生在斯瓦尔巴德群岛区，在那里挪威海岸警卫队不能采取强制措施（或至少没有这样做，直到20世纪初）。此外，这种情况是相当非典型的，检查员并没有多大的损失（除了他作为一个"严肃"的检查员的声誉），因为并不能选择逮捕渔船。但这让我们想到了一个与事实相反的情况：如果海岸警卫队人员稍微有些自由？如果他们是顾问，而不是警察？（见第二章）如果他们在每一个具体的情况能运用自己的最佳判断，是不是有助于更好地遵守和更有利于渔业的可持续发展？毕竟检查人员拥有公平和能干的声誉，在渔民中拥有相当好的口碑。但有底线会更好吗？还是在这条路上失去太多？

第六章　结论

在第一章中，我提出了两个理论性问题：为什么人们遵守国家法律，为什么国家要遵守他们的国际承诺？我们看到，在很大程度上，遵守的"正式"模式是以一致性为先决条件的，理性的参与者受到自身利益的驱动，那么，这样的社会逻辑必然会出现：犯罪，公共资源遭到破坏，国际条约被终止，以及随之而来的服从。经验上，这些模型通常被用来研究现实世界中的私利、威慑以及权力如何运作等问题。遵守的多种模式表明参与者的动机是复杂的，以及社会动态是较少固定的和可预知的；研究工作主要集中在规范、合法性以及组织制度如何影响遵守。协议签署后的讨价还价理论使得在条约被终止之后，通过国家间交流如何促进其他国家的遵守变得更为困难，它不同于传统的执行和遵守研究，后者一直专注于国家层面的活动。

在结论这章中，一开始，我简要总结在国家层面和个人层面上挪威人与俄罗斯人在巴伦支海的渔业谈判经验。确切的遵守程度不是本书的重点，但是我的经验报告允许在这个问题上也有相当明确的结论，至少是在国家层面上是如此①。在接下来的两个部分中，我提出为什么在巴伦支海俄罗斯遵守其国际承诺（如果真的如此），为什么俄罗斯渔民遵守挪威法律（在某种程度上他们是这么做的）。最后，我又回到协议签署后的讨价还价这个概念②。

一、讨价还价的经验

在巴伦支海渔业管理协议签订后，挪威和俄罗斯之间的协商大部分都是挪威倡议和发起的。挪威两次试图让俄罗斯认识到过度捕捞的严重性，一次是在20世纪90年代早期，另一次是在21世纪前10年的中期。第一次，俄罗斯很快就被说服过度捕捞确实是个问题，并且在巴伦支海渔业执法上与挪威开展新的合作安排。合作的主要内容是捕获量与码头数据的交换。然而，在21世纪前10

---

① 俄罗斯执法过程中的数据对研究个人遵守非常有用，这能带来更多的研究结果，只可惜这些数据没有公开。

② 简短的访谈摘录只是为了说明一点。他们只是重复采访中得出的摘录，已经在第四章和第五章中介绍过，所以这里没有提供参考文献。

年中期的那一次，俄罗斯的反应却很冷淡。最初俄罗斯人对调查过度捕捞的可能性很感兴趣，但当挪威人明确指出这或多或少只是俄罗斯的问题时，很明显，俄罗斯人的兴趣没了。尽管如此，2009 年双方就评估巴伦支海捕获总量的联合方法仍达成了协议。与此同时，2007 年东北大西洋渔业港口国控制体系很大程度上已经解决了巴伦支海过度捕捞问题，尽管俄罗斯仍然不愿意公开转运到挪威的基本资料，也不确定俄罗斯是否准备起诉那些违法者。挪威在技术法规措施协调等方面在俄罗斯渔船上取得了更大的成功，双方联合推出了新的法规和可捕获总量的自动化装置。我在第四章总结道，我们不能绝对肯定这些决定是"正确的"，但至少其带来的巴伦支海鱼类资源管理更接近于国际科学与政治要求的标准。这可能是因为挪威没有简单地让俄罗斯自行执行其对国际协议的承诺，而是在协议签订后积极开展与俄罗斯的讨价还价，积极与俄罗斯协商。

人们开始或许期望双方会在"桌面上"进行这样的讨价还价，如果是这样的话，那么应该在联合委员会全体会议上。实际上，我发现了挪威人谈判努力的另外两种主要方式：一是在委员会较低层次的下属机构之间进行谈判；二是两个代表团团长之间进行谈判，随后在各自的代表团通过决定。在提交委员会最后批准之前，许多问题已经在常务委员会及其小组会议上达成了协议。这是1993 年实施合作建立后的一贯做法，如在整个 20 世纪 90 年代，技术法规的协调（如换算因数、渔场开放和关闭的程序）和新的监管措施的联合出台（如网眼选择和卫星定位追踪），以及最近的举措，如从 2009 年开始的估计鱼总出口的联合方法。在这些案例中，两国达成协议的挑战实际上交给了技术专家（下级公务员或科学家）。如果说联合委员会的作用并没有正式地沦为橡皮图章的话，那么在实践层面上，较低层次达成的协议通常会被委员会所接受。从某种程度上说，马上要说的案例与前一个有点相似性，俄罗斯极地海洋渔业与海洋研究所（PINRO）和挪威海洋研究所建立的科技合作，作为俄罗斯评估鱼类产量新方法出台的缓冲器，这种方法是由俄罗斯联邦极地海洋渔业研究所提倡的，但不符合国际海洋考察理事会对渔业预警管理的标准。在国际海洋考察理事会的支持下，许多年前，挪威和俄罗斯的科学家已经制定科学原理的基本协议。苏联解体后，挪威已加强其对 PINRO 的支持，包括经济上的支持。然而挪威的意图是无私的——包括俄罗斯在国际科学界——这种投资可以通过这样的方式"兑现"，即俄罗斯科学家在新的捕鱼量评估方法中支持挪威在联合委员会中的立场。但是影响俄罗斯低层官僚机构的努力也存在风险。据说与常务委员会轻松地达成协议，导致了莫斯科的怀疑：这些科学家和公务员是捍卫俄罗斯的利益还是对挪威人过于友好呢？同样，PINRO 被怀疑至少间接地在维护西方国家的利益，PINRO 发现自己在财政上和科学研究上受到了莫斯科俄联邦渔业与海洋研究所（VNIRO）的挤压和挑战。

我发现的另一个协商和讨价还价的途径是两个代表团团长之间的直接联系，主要是在各自的翻译之间，或者两三个人之间，或者在委员会"核心群体"内。总捕获量的多少一直在这个层面上讨论，而不是在全体会议上。同样，其他许多重要的决定也是按照这种途径进行的，比如新规则的引进——虽然，正如我们已经看到的，一些新规则是较低层次之间达成协议后而提交上来的，并得到委员会的认可①。我们在第四章看到挪威人是如何在世纪之交一如既往地工作，为 2002 年的捕捞控制规则作准备。首先，为了让"俄罗斯人高兴"，在 1999 年的谈判中，他们遇到了很大的困难②；其次，2000 年他们得到了俄罗斯三年的捕鱼配额，包括随之而来的捕捞控制规则条款的安排。我们看到，在捕捞控制规则被采用之前的最后阶段，挪威代表团团长和渔业主管（核心群体和最有可能成为捕捞控制规则之父的成员）"设法说服"俄罗斯代表团团长，先在筹备会议上，接着又在委员会上，让他接受新的规则。一旦新规则被采用，俄罗斯代表团团长将这个规则归功于他自己国家的科学家，大概是为了减少这项规则是挪威人发明的印象。

我的挪威受访者，他们是联合委员会挪威代表团和常务委员会的高级成员，认为至少在苏联解体之后，挪威已成为合作的主导力量了（"我们一直都是积极主动的，这些主动措施都来自挪威的一边。我们已经接受了一些我们认为是错误的东西"）。结果，他们看到了俄方提出了创建所有权的必要性。这通过细致和持久的争论以及从低层次一直到委员会本身的"几轮"谈判实现了（没有捷径）。网眼选择（selection grids）的引进是一个循序渐进约束俄罗斯的范例，即便不正规，但在实践中很管用。首先，虾产业是最早引入网眼选择的，这对挪威渔民来说基本上是件麻烦事，因为与俄罗斯人相比，他们更多地参与捕虾业的活动。然而，这引发了俄罗斯科学家和技术专家对网眼技术领域的兴趣，从而进一步讨论了鳕鱼领域网眼技术使用的可能性。接下来又探索了该技术的实

---

① 这一谈判方法不仅在委员会中使用，在常务委员会中也使用，尽管使用的次数不多。委员会中的一名挪威代表团成员说到俄罗斯代表团一名特别团长时说："他相当困难，我们经常不得不带他到后面的房间"（在卑尔根市的访谈，2011 年 6 月）。

② 这也许是后见之明的一种辩解。俄罗斯对总捕获量的要求，挪威没有很多选择来接受，这些要求远高于 1999 年的科学建议。

用性问题。首先在常务委员会的小组会议上，接着在常务委员会自身，直到技术专家同意为止，据说俄罗斯人在这方面"走得太远"而难以自拔。这一变故对挪威方面可能是无意的，但它为挪威—俄罗斯渔业关系的谈判动态提供了详细情况。

我的受访者称，谈判气氛基本上不错，开诚布公，轻松自在，这与联合委员会挪威代表团负责人的表述基本一致。在常务委员会挪威代表团中，一位著名人士在描述委员会内部的工作关系时指出，他们之间的关系通常是和睦的："即使我们已经触及他们的痛处，但我从没听到过一句不愉快的话。"但在 2000 年之后，委员会内部这个层面上的关系逐渐恶化，挪威收集到的俄罗斯过度捕捞的证据迅速增加。从挪威方面看，障碍来自于俄罗斯民用执法机构，这个机构隶属于俄罗斯联邦渔业署[①]："这就像坐在一艘划艇上：只要我们在一起，我们就向着同一方向前进；但当我们分开时，就会发疯一样朝着相反方向划行。"这个机构甚至对在俄罗斯联邦边境局工作的自己同事隐瞒俄罗斯渔船在挪威登陆的数据，这些数据是挪威渔业理事会根据 1993 年建立的交换计划而获得的。2009 年联合委员会同意用挪威—俄罗斯共享程序来估算巴伦支海渔业总捕获量，从此不再有任何过度捕捞的记录，但是涉及联合委员会小组和常务委员会执法和经济犯罪的工作关系仍然困难，一位采访者这样描述："这里竞争激烈，气氛不佳。"

在巴伦支海捕鱼区域的谈判中，挪威检查员和俄罗斯渔民之间的个体层面谈判，我在第五章得出的结论表明，挪威海岸警卫队让俄罗斯渔民停止在该地区捕鱼，这些努力具有保护育苗、促进渔业可持续发展的作用。特别是在斯瓦尔巴德群岛区，威慑不能有效地发挥作用是因为违规行为得不到应有的惩罚——这一成果可以归因于沟通或者讨价还价的作用。我在第五章中描述海岸警卫队是如何花费大量时间试图说服俄罗斯渔民，如果不中断捕捞作业，鱼群将会受到危害，并出示数据使俄罗斯渔民确信这一危害不是空穴来风。我也指出了海岸警卫队如何准备听取来自俄罗斯方面的建议，并根据俄罗斯提供的数据调整其要求。因此，事实上"要求区域"的出现是由于挪威权力部门与俄罗

---

① 正如在第五章所解释的，在过去的 10 年中，俄罗斯民用执法机构已经以不同的名称出现，反映在联邦层面上的重组：首先是直到 2004 年的摩尔曼斯克捕鱼业和水上生物资源保护局（Murmanrybvod）（苏联时期），接着从 2004 年至 2007 年的俄罗斯联邦兽医及植物卫生监督局（Federal Veterinary Service）（当时俄罗斯的渔业管理在农业部的职权范围）和自 2007 年以来的俄罗斯渔业局的巴伦支海和白海分局（BBTA），联邦渔业机构的地区分支。

斯捕鱼船队之间讨价还价的结果。然而,在实际检查中,讨价还价的余地较小。挪威检查人员不允许违背挪威法律规定的细节要求,在实践中他们也很少(如果有的话)这么做。我采访的俄罗斯渔民通常认为挪威检查人员"难以取悦",并抱怨他们缺乏灵活性,不愿意听取俄罗斯人的看法。另一方面,挪威检查人员被描述成公平的、能干的,有时甚至准备与你进行"男人与男人"之间的交谈。

二、俄罗斯为什么要遵守

我前文得出的结论是俄罗斯遵守巴伦支海大量的国际承诺是协议签订后挪威讨价还价的结果①。然而,这种观点不能完全解释俄罗斯为什么要遵守这些协议,是挪威的谈判努力帮助俄罗斯最终遵守相关的国际义务,而这些国际义务实际上给俄罗斯带来了好处吗?在谈判过程中调用了一些共同的基本标准吗?或者在双边管理体系中存在一些有利于遵守的体制特征吗?

我们在第二章中指出,传统现实主义者(古典和进攻性现实主义者)认为,国家遵守其国际承诺是因为这些承诺反映了他们的利益;这种观点潜在的假设是国家遵守这些协议仅仅是因为能够进一步维护其(军事上或经济上的)利益。这个观点有助于我们理解俄罗斯遵守巴伦支海国际渔业协议吗?让我们以联合国鱼类种群协议为例。该协议的一个重要特征是在国际渔业法中引入预警措施。俄罗斯是鱼类种群协议参与方,但是预警措施在俄罗斯渔业法中有系统地避开了,在俄罗斯渔业管理机构中,似乎很喜欢这样不合法的做法。正如我们在第四章中看到的,俄罗斯联邦渔业研究所、俄罗斯联邦海洋渔业与海洋学研究所主任在接受采访时说,绿色和平组织用美国中央情报局(CIA)的资金起草鱼类资源协议,目的是损害俄罗斯国家的利益。我不打算去讨论为什么俄罗斯在第一时间签署和批准鱼类资源协议,但是这种争论是有问题的:即联合委员会应该逐步适应预警措施本身和通过预防性参照点适应海洋勘探委员会的基本原则,这能够解释俄罗斯为维护其最佳利益而调整其行为(而不是对其他国家可能出现的合作感兴趣)。我也不能似是而非地说挪威对俄罗斯施加军事和经济力量以迫使其遵守。挪威在某些方面可能被归类为一个经济强国(事实上在20世纪90年代期间,挪威在财政上支持俄罗斯渔业机构),但俄罗斯在经济上有相当大的

---

① 如前所述,我不打算对遵守的程度进行详细的讨论;但是,毫无疑问,挪威人的举措把俄罗斯人拉到遵守国际渔业法的方向上来,如总捕获量的预警措施。

影响力并且仍然是一个军事大国。如果军事或经济能力是决定性的，人们会认为俄罗斯会通过其力量施加影响，而不会寻求妥协或者接受明显违背其意愿的解决方案①。

保守现实主义者和新古典现实主义者对利益与服从之间关系的假设是不明确的，而且倾向于把遵守看作是"偶然的"或者是更多不同因素作用的结果。正如我们在第二章中看到的，保守现实主义者（Walt, 1998）声称攻击型现实主义者对安全的假定更丰富（Mearsheimer, 2001），因此，国家在追求相对有利条件时应该更加轻松。因此，当这不涉及国家的直接利益时，是可以遵守的。新古典现实主义者（Wendt, 1992）强调，一个国家的环境是不确定的和难以理解的，包括国际和国内两种制约因素。一定要营造一种国家"追求上进"的氛围，所以遵守的决定或许相当"偶然"或者不总是"正确的"（在相应的国家利益上）。在我们的案例中，正如我已经论证过的那样，一个直接的实质性的利益和特定的遵守行为之间的一致性并不能解释俄罗斯对国际渔业承诺的遵守。一方面，"俄罗斯利益"的存在是不明确的。各种不同的利益群体参与了与挪威的渔业管理合作：科学家，技术专家，渔业以及各个层级的公务员。如果国家在外交政策上的协调性低于通常假定的话（Allison and Zelikow, 1999），这无疑是后苏联时代俄罗斯的情况。自20世纪90年代初以来，制度上的冲突成为俄罗斯渔业管理的特征。传统上，俄罗斯官僚机构（像过去的苏联一样）有严格的划分。这个例子就很能说明这一特征：两个俄罗斯渔业执法机构之间直到他们"被迫"参加常务委员会后才开始接触，同挪威方面相应的管理机构一起工作②。此外，我们还看到西北地区的渔业研究所——俄罗斯极地海洋渔业与海洋研究所（PINRO）和俄罗斯联邦渔业与海洋研究所（VNIRO）之间严重的分歧。因

---

① 我们在第四章中看到，挪威谈判代表认为，俄罗斯作为大国的地位，这对作为小国的挪威来说具有很大的局限性（这是有关尊严的问题。大国跟小国一样被牵扯进无人要去了解的泥淖之中）。现实主义者能否对此提供一个合理的解释更不确定，当挪威在21世纪前10年的中期对俄罗斯的过度捕捞形成书面文件时，俄罗斯绝没有在军事上和经济上对挪威施加任何压力。诚然，在2006年早期，俄罗斯强制推行了一项禁止进口挪威三文鱼的禁令，2005年秋挪威人在斯瓦尔巴特群岛地区逮捕俄罗斯渔民，这项禁令被看作是对这件事的回应（见第三章）。问题是俄罗斯将来自西北小邻岛国挪威"责骂"看成是受到了"侮辱"。这件事从国际关系中身份地位的视角来解释或许更有意义（Neumann, 1996；Hønneland, 2010）。在双边关系中作为兄长，俄罗斯放弃自己的观点来适应挪威的要求，这个程度有多大？我们不能估计太高。

② 当联邦边境局（the Federal Border Service）接管了在俄罗斯专属经济区执法责任时，这一机构立即在常务委员会俄罗斯代表团中获得了两个席位。然而，俄罗斯代表团的其他成员避开了联邦边境服务局的代表。我观察到，他们带着要求，不断地接近挪威代表团的首脑，而不是通过自己代表团的领导。他们与俄罗斯渔业其他部门的复杂关系逐渐改善，但是机构之间的斗争仍在继续。正如我们从上文看到的，根据我的一个受访者所言，俄罗斯渔船在挪威登陆的数据从没有给过联邦边境服务局，自1993年以来，这些数据已经由挪威的渔业董事会转发给俄罗斯民间渔业执法机构。

此，在我们的事例中，对于决策机构来说，很难弄明白俄罗斯的总体利益，这一点也不足为奇，比如在联合委员会中的俄罗斯代表团团长。外部环境和不同的内部利益集团各自有自己的议事日程，这或许很难解释。某人采用某种方式或许相当偶然，或者是国内权力斗争的结果，或者是腐败①，而不是将俄罗斯作为一个国家来评估其最佳利益。再如，有关在巴伦支海渔业上强制性网眼选择的引进，俄罗斯在事后对此普遍不满（参见上文关于预防措施的讨论）。我们已经注意到能解释这一现象的各种因素，在 20 世纪 90 年代末在联合委员会上，尽管俄罗斯渔业活动参与者的常规决定并不符合俄罗斯的利益，但俄罗斯还是接受这一提议。俄罗斯技术专家因网眼技术而兴奋不已，当问题送交联合委员会最后核准时，俄罗斯人已经走得太远而难以自拔。这个方法开启了一种可能性途径，即国家可以在没有严格界定利益的情形下达成协议（之后遵守协议）。然而，这种方法并没有指出这一切发生于其中的机制的作用。

规范理论如何呢？我们在第二章中看到，弗兰克（Franck，1990）主张国家通常根据具体规则的合法性来遵守国际法。俄罗斯人适应了他们在联合委员会中的地位和政治，主要是因为他们认为挪威的倡议合法吗？许多迹象表明事实并非如此。我们已经看到，不论是预警措施（这代表了自从 20 世纪 90 年代中期以来，在双边渔业管理体系上，挪威所有举措的"风向标"）还是网眼选择（这是特殊管理措施的范例）的引进，在俄罗斯渔业界采纳实施后都遭到广泛的反对。此外，俄罗斯普遍认为国际海洋考察理事会对巴伦支海鱼类资源的评估是偏低的，可捕获总量对此估计较高（预警措施已经走得太远），人们对控制捕获规则中强行限制捕获量普遍不满。我们还看到，在世纪之交，俄罗斯拒绝挪威提议的总捕获量（揭示过度捕捞），挪威对俄罗斯过度捕捞的评估经常被驳回。诚然，针对挪威的倡议，有一些不敬的言论，这可能是为了取悦于俄罗斯特殊利益集团（或强化俄罗斯的身份），但是更激烈的对挪威人的抨击却很少出现，即使在与挪威人的直接交流中②。所以，什么是合法的解决方案？几乎没有。俄罗斯人继续接受挪威人的倡议（虽然与 20 世纪 90 年代相比，进入 21 世纪以来更多的是应付），但事后常常将其放置一边。为什么？

如果俄罗斯认为挪威的建议不是特别合法，有一种可以接受的标准解释是：

---

① 在联合委员会 1999 年会议上，这次会议声名狼藉（见第四章），一名俄罗斯代表团成员告诉我：渔业部门花钱控制了俄罗斯代表团。"俄罗斯利益"是由那些愿意花钱的人来定义的。

② 然而，通常情况下，俄罗斯人表现出正面的特征，例如"我们成功地处理了共同渔业资源的管理问题"。

这两个巴伦支海沿海国家存在着一个规范的共同体，这使两国能在一些特殊问题上加快协议的进程。地理上的接近是一回事；相互信赖和传统是另一回事。我们记得现任联合委员会挪威代表团团长表示："海员是有需要的时候用来互相帮助的，这也正像我们在联合委员会中所见到的。我们和睦的关系是重要的……现实的亲密关系之下有一个根本的共识。"除和睦关系之外，他所暗示的是航海界的规范。他说，航海规范的核心是海上的人们在必要时要互相帮助，言外之意是人们不考虑个人利益，即使是对不同国籍的人们之间也会互相帮助。他坦率地说，这种互相帮助从渔场蔓延到联合委员会谈判会场。大多数委员会成员，不管是挪威还是俄罗斯（尤其是俄罗斯）[1]，都有海上的经历，他们期望采用传统的航海规范，如不同国籍船员应该互相团结互相帮助。所以挪威—俄罗斯渔业联合委员会的会议，不仅仅是两国代表之间的会议，也是两国海员之间的会议[2]。这可能使得委员会各方更倾向于妥协，而将国家利益和合法性放在一边。

这可能使我们对动态的理解更进一步，它使俄罗斯能够接受挪威的一些倡议，但同时又在公开场合下驳斥这些倡议。但是我们还有一个重要的视角来看国家遵守国际法：制度视角。正如我们在第二章中看到的，制度主义者坚持国际协定或者体系的组织形式对国家遵守会产生独立的影响，通常阐明为"制度问题"。制度主义者声称不服从或许是制度不完美的结果，包括国际制度本身或者其成员国。例如，国家在履行国际义务时可能受限于自身的能力，在这种情况下，由其他国家或者国际组织提供的技术上或经济上的援助，可以增强其遵守的程度。在巴伦支海的渔业管理方面，这正是挪威在20世纪90年代（以及后来在某种程度上）所做的。俄罗斯被认为是"带着受伤的后背"躺在那里，于是挪威过来救援。这包括在挪威的俄罗斯船只的登陆数据条款，对俄罗斯极地海洋渔业研究所（PINRO）和摩尔曼斯克捕鱼业和水上生物资源保护局（Murmanrybvod）技术和经费援助，以及偿还与常务委员会会议有关的所有费用，包括隶属的小组织和渔政检查人员联合小组。这样做能提高遵守程度吗？登陆数据据称从来没有使用过，水上生物资源保护局及其机构继承者发展成为挪威预

---

① 在俄罗斯，历来有强烈的"部门身份"，包括渔业部门（Hønneland，2004）。直到最近，大多数人都有相同的教育背景（主要为渔业生物学家）并在渔业综合部门（科学、监管、执法和渔业）的不同岗位上交替上岗。进入21世纪以来，一直有一种倾向，把渔业人员从国家渔业管理系统"权力结构"的顶端位置放下来，但大多数公务员还是顺着渔业综合部门的梯子往上攀登，包括海上服务部门。

② 作为一个社会和文化的舞台，在委员会中，航海的主题也是非常引人注目的，美味的海鲜晚餐，乘船海上观光，以及与海洋融为一体的文化节目。

警措施最狂热的对手（"发疯似地背道而驰"）。联合检查研讨会可能会有一些长远影响，例如，在 20 世纪 90 年代后期参加研讨会的年轻检查员们，现在都在各自的渔政机关升迁到较高的职位，为潜在的卓有成效的合作奠定了基础。例如，根据我的挪威受访者证实，一名检查员，后来成为联邦边境局的一个分支机构（即俄罗斯西北渔业检查机关）的领导人，大大促进了该组织与挪威执法机构在 21 世纪前 10 年中期富有成效的合作，直到他被撤职（可能被视为与挪威过度合作）。然而，总的来说，在 20 世纪 90 年代，对俄罗斯的技术和财政援助在挪威引起了反响，并伴随着俄罗斯对挪威的指控：带着可疑动机试图"染指"俄罗斯渔业机构。最成功的可能是给俄罗斯极地海洋渔业研究所（PINRO）提供的援助项目，但正如我们看到的这又造成对 PINRO 自身的打击，例如莫斯科限制其经费，并指控其无爱国心。总之，该援助可能有一定作用，但是有代价的。很难用此来解释对俄罗斯遵守（渔业协议）做出重大的贡献。

自由制度主义者进一步认为，官僚组织的过程往往有利于遵守而不利于不遵守（non - compliance）。官僚组织的能力通常不允许在每一个具体的案例中权衡成本和遵守与不遵守的好处，所以某种标准操作程序通常是被故意或偶然制定好的。我们记得，查伊斯和查伊斯（Chayes and Chayes，1995）强调迭代方法（iteration）本身：随着时间的流逝，遵守是国家间官僚程序通过迭代方法建立的结果。自从 20 世纪 70 年代中期联合委员会建立以来，如果说遵守本身没有成为标准操作程序，那么在联合委员会中，一直有一股力量推动着协议的达成或妥协，而它随着时间加快了。1975 年协议是双边管理机制的基础，双方平分鳕鱼和黑线鳕的配额。接着，从 20 世纪 70 年代末到 90 年代初，按照双方互惠的交易安排，几年后的毛鳞鱼的配额是六四开，挪威占六成，比较有利（因为一些挪威的物种游到了苏联，作为补偿，给挪威多一些鳕鱼和黑线鳕的配额）。20世纪 90 年代匆匆忙忙制定了新执行协议和技术法规，这些协议和法规由常务委员会及其工作小组协商，随后由联合委员会通过。新千年之后，步伐开始放慢，但是协议现在成为更重要的问题，尤其是可捕获总量的"自动化"，与国际海洋考察理事会的预防性参照点基本一致。关于俄罗斯过度捕捞的问题，经过挪威的指控与俄罗斯的否认这段艰难岁月之后，2009 年评估过度捕捞的联合方法达成了妥协方案。同年，经过几年的科学探索和政治谈判，双方就格陵兰比目鱼作为巴伦支海第四类渔业资源达成协议。此外，这一年委员会也解决了一个突出的问题：通过再次妥协，就整个巴伦支海允许的渔网网眼最小尺寸和鱼的长度达成协议。具有更深远意义的是，在这之上，2010 年挪威与俄罗斯就巴伦支海的划界达成协议（见第三章）。在挪威公众心目中，该协议被普遍称赞为两个相邻国家妥协能力的表达。^① 我敢说，在挪威和俄罗斯之间的渔业关系上，达成协议的主张已成为一个单独的目标，这类似于联合委员会及其小组的机构指导方针。在合作的不同层次上，较高层次期望能达成协议。因此，重点是有妥协的余地。在这个委员会里，所有成员都为此很骄傲，为双方达成共识的能力而自豪，即他们常说的"我们面前无难事"。在某种意义上说，妥协已成为该委员会的运作模式。

机制因素如何影响协议（俄罗斯间接地遵守预警措施）的另一个相关但有点不同的例子是选择网眼的渐进引入。在这种情况下，挪威和俄罗斯之间能够达成协议不仅仅是因为一般的"急于妥协"，更具体地说，是因为既定程序逐渐地用来约束各方。自1993年以来，双方已经习惯了常务委员会（不久又是由常务委员会任命的小组）在各方之间探索可能的新的合作事宜。正如我们在第四章中看到的，建立控制措施的协调和新技术的引入，从一开始的创立到由联合委员会正式通过，往往需要花费几年的时间。在这段时间里，小组里的技术专家定期向常务委员会和联合委员会汇报。正如我们所看到的，在20世纪90年代，双方之间的工作关系非常好，而且在高层很少反对来自下级的意见。只要在专家一级有协议，行政层面（部分政治层面，国家代表团团长在国内与政治家们协商的程度）就可以进一步批准。最后，经过几年的准备，在协议先由小组接着由常务委员会通过之后，当正式提交联合委员会的时候，委员会认为没有理由停止这一倡议。值得注意的是，该技术法规在委员会里不符合高优先级，尽管这句评论当时由挪威代表团团长提出，但他认为这是他任代表团团长期间的主要成就（见第四章）。直到2002年捕捞控制规则的实施时为止，代表团团长在委员会会议上花费了大量的时间就可捕获总量和配额交换达成一致意见。常务委员会的建议很快得到处理：事实上，没有太多讨论就被采纳。因此，伴随着网眼选择，小组和常务委员会中有关技术选择方面，挪威和俄罗斯专家之间的协议是至关重要的。在联合委员会中，如果俄罗斯代表团的高层中有任何怀疑态度，这些已经建立起来的程序就会提高阻碍正式协议的门槛。再次，它已成为委员会采取措施的标准操作程序，该措施已经得到常务委员会的认可。

总之，我坚持认为俄罗斯根据预警措施进行渔业管理、遵守国际义务的原

---

① 几个主要成员国家代表团的划界谈判成员也是联合委员会的成员。划界谈判委员会中或许流露出"急于妥协"的倾向（Hønneland，2011）。

因，不是它宣布的利益，甚至不是看得见的利益（对其他国家而言这种合作态度几乎是不可能的）。相反，听从挪威的指挥，俄罗斯或多或少有些不情愿。跨国航海准则和睦邻关系可能会使谈判人员倾向妥协，但我认为，制度性因素是最适合解释俄罗斯的遵守。冷战之后，在巴伦支海的渔业管理上，俄罗斯逐渐地将其制度化为一个连续不断的、更精细的决策机制网络，该网络由挪威扮演领导者的角色。在一定程度上，根据已建立起来的正式的和非正式的标准操作程序来制定决策，虽然俄罗斯支持这些决策，但很快就对其进行批评。与上述机制网络无关，在联合委员会中有一个"妥协的推动力"，这可能在某种程度上掩盖了严格界定的国家利益，或至少导致当事人尽可能明确地解释这样的利益，权衡他们反对达成协议的可能性。妥协成为联合委员会的体制特点。最后，个别领导人的作用是重要的。许多棘手的问题或多或少是由两个代表团团长在私下解决的。至少在俄罗斯代表团中，在做出决定之后，内部的合法性有时会得到保护。在所有这一切中，协议签订后讨价还价的作用将进一步探讨如下。

三、渔民为什么要遵守

上文中我指出，在斯瓦尔巴德群岛海域特殊的"要求区域"，由于太多的鱼苗混杂在一起，要求渔民远离该区域，这可以看作是挪威执法机构与俄罗斯捕鱼船队讨价还价的结果。海岸警卫队检查人员把相当大的精力用来说服渔民远离这些地区，而且也根据俄罗斯方面提供的信息调整"请求区域"（根据捕捞深度扩展区域）的确切形状。此外，我注意到在检查过程中没有太多讨价还价的余地。挪威检查员一丝不苟遵循执行指令，俄罗斯渔民普遍被认为"难以满足"。另一方面，由于非常严格的执法制度，在巴伦支海的挪威水域作弊实际上是不可能的。

在第二章中，我们看到，渔业遵守文献从"正式"的威慑模型中出现，这种模型声称当符合人们经济利益时，人们遵守法律（Becker，1968）。然而，在最近的几十年里，这种方法通过遵守的"丰富化"模型（"enriched" model）而得到补充。"丰富化"模型的基本主张是，遵守是一个比"正式"威慑模型的假设要远远复杂得多的问题。扬（Young，1979）、苏惕能等人（Sutinen，1990）和泰勒（Tyler，2006）带来了诸如个人的道德规范、同辈群体的压力以及规则和程序的合法性等问题。格则琉斯（Gezelius，2002，2004，2006，2007）通过致力于规范和威慑之间的相互依存关系提炼出渔业管理上的"丰富化"模型。例如，他发现在一个经验环境中，对非正式的社会控制来说，正式的执法是必要的（Gezelius，2004）。他号召更多关注涂尔干（Durkheimian）的遵守机制，其强调执法的象征意义。该观点反对霍布斯式和哈贝马斯式的机制，其学说重视威慑和理性沟通（Gezelius，2007）在遵守机制中的作用。

我们没有关于俄罗斯渔民在巴伦支海遵守的详细信息。挪威海岸警卫队的统计数据表明，大多数渔民在大多数时间遵守大部分的规则：一般违规行为不到20%（各国的船只）；严重违规行为少于5%（Hønneland，1998，2000；参见第四章）。另一方面，在20世纪90年代早期和21世纪前10年中期的两个时段内，挪威当局的部分记录和不完全评估显示，俄罗斯在巴伦支海过度捕捞了其鳕鱼配额的50%。如果这些估计是正确的，西北部俄罗斯渔船过度捕捞肯定远远超过5%。这些情况在挪威海岸警卫队的数据中没有反映的主要原因或许是涉及过度捕捞的渔船主要在俄罗斯专属经济区和前灰色地带捕捞，而这两个区域都不是挪威海岸警卫队的管辖范围。还有一个疑问就是挪威检查人员在报道中揭示真相的能力（过度捕捞的证据），因为对渔船承载力的实地检查是一个极具挑战性的事情（见第五章）。因此，俄罗斯渔民为何遵守的问题稍微被冲淡了：当挪威海岸警卫队检查俄罗斯渔民时，为什么大多数俄罗斯渔民表现出遵守挪威的法律？

在我对俄罗斯渔民的采访中，回答是清晰而响亮的：因为挪威水域严格的执法制度，使得他们根本不敢隐瞒。首先，挪威检查员严格细致的检查程序，而且他们能力超强，廉洁奉公。这是以威慑为导向的解释，我无需辩驳。但我觉得还有其他原因。除了少数几个渔民抨击挪威检查时带有歧视性外（即使渔网网眼比允许的有一点小，他们也会立即将其定义为违规），挪威海岸警卫队似乎很欣赏俄罗斯渔民相当高的守法程度。甚至那些因为没有听俄罗斯人争辩而批评海岸警卫队检查人员的人也认为挪威的执法机制是"有效的"。他们中的大多数人也会得出这样的结论："这是上策。"俄罗斯渔民如何评估挪威海岸警卫队工作的？对我这个问题的自发回答是："好"和"最好"。我的几个受访者把挪威的执法机关与俄罗斯的做了比较，他们无一例外地认为俄罗斯执法机构不称职、腐败。与此相关的，许多受访者暗示了需要为后代制定规范保护鱼类资源。这幅画面中充满了对海洋科学工作的积极描述。因此这暗示着"航海界"的生存法则："在大海上，我们要彼此尊重。我们都要努力工作。"

正如在第五章所讨论的，我们不能确定在访谈中俄罗斯渔民提供的信息是"坦率的"。对高效的挪威执法系统和完全不作为的俄罗斯执法系统的描述，仅仅是西方秩序良好和俄罗斯秩序混乱这种旧神话的复制吗？当我的受访者"天真地"说，考虑后代未来的需要时，他们仅仅在玩"报喜不报忧"的游戏吗？从我的观察以及在俄罗斯几百次的访谈中（其他的研究项目），我可以说答案就在两者之间的某个地方。我认为大多数受访的回答只是实际体验的皮毛，与实际情况相差甚远。但是我也认为访谈从一定程度上反映了访谈情境的"标准操作程序"或者社会既定的叙述手法，或者对更宽泛主题的讨论。我对这些访谈材料最好的处理方式是谨慎地推断，即俄罗斯渔民似乎遵守挪威的法律，部分是因为严格的执行制度（威慑），部分是因为被视为"做正确的事情"（规范）。有些类似格则琉斯（Gezelius，2004）的假设，对（非正式的）社会控制来说，正式的强制执行是必要的，我相信在巴伦支海挪威水域的强制执行体系是影响渔民行为规范标准的先决条件（环保主义者或海员）。意识到违规行为有可能会被发现并遭到惩罚，这可能使自己的"合法交易"（即自己的是非标准或适当的渔民行为标准）更为容易，将自己的觉悟置于最显著的位置。如果换一种情况，在巴伦支海，若没有挪威方面进行有效的控制，我可以想象，这种情况更容易发生：很多渔民会"忘记规则"，只专注于自己的短期经济效益。这种辩解是威慑的作用还是基于规范是阐释的问题；我想强调两者之间的相互关系。至少在这个特殊的经验背景中，很难只依靠规范（不像许多小规模捕鱼的情况；见第一章和第二章），但是，合法性和沟通是用来实施执行中威慑的核心内容。海岸警卫队努力减少在该地区捕获大量的小鱼，在这个过程中，通过沟通（或者谈判）获得潜在的收益特别明显。相比之下，挪威检查俄罗斯船只，似乎就不算什么大事，下面我们将返回到这一点。

四、重新审视协议签署后的讨价还价

我就上述情况总结如下：在联合委员会，挪威通过协议签订后的讨价还价，来影响俄罗斯行为的尝试，取得了相当大的成功，这些讨价还价主要是通过较低级别的官员（或者技术或者科学）和代表团首脑的直接联系来完成的。然后，我稍微绕了点弯，讨论为什么俄罗斯会根据挪威的倡议如此频繁地调整其行为，这使得俄罗斯更接近国际渔业法的预防标准。俄罗斯不情愿地听从挪威的指挥。尽管保守现实主义者和新古典现实主义者的方法允许"偶然的"行为中公然的国家利益不在考虑之中，但现实主义者的模式也很难解释俄罗斯的行为。像传统航海规则一样的规范性因素有可能使妥协很容易产生，但是我认为制度性因素最能解释俄罗斯的遵守。特别是，俄罗斯发现自己处在一个决策程序日益复杂的机构网络中，主要是面对妥协。协议签订后的讨价还价是挪威采用的实用性工具，以使新的措施（如网眼选择）和程序（如捕获控制规则）能得以实施。与查伊斯和查伊斯（Chayes and Chayes，1995，第109页）观点一致，明显不符合的情况被视为要解决的问题，而不是作为错误来惩罚（我们已经采取了我们觉得是错误的措施）。协议签订后的讨价还价，在技术专家之间，在代表团首脑之间，在餐桌旁，在俄罗斯的洗浴房里，有意和无意中进行着，激活规范，建立标准作业程序，进一步强化预防性渔业管理。然后，协议签订后的谈判，其结果不是产生遵守的来源，而是作为一种手段来激活这样的来源：利益、规范或机构特点。有意或无意地，挪威激活的俄罗斯（或航海）规范和创造的制度性安排，通过协议签订后的谈判，适应预防性渔业管理①。理论上，我的研究为遵守提供规范和制度主义视角的支持，并且展现了协议签订后的讨价还价在激活规范和制定标准操作程序方面的潜能，进一步发展制度目标。

在个人层面，我得出的结论是俄罗斯渔民在巴伦支海的挪威水域捕鱼时，基本遵守挪威法律，这主要有两个方面原因：一是他们担心制裁；二是他们认为挪威执法机构是公平的。在这里我们看到了执法的象征作用，这是格则琉斯（Gezelius，2007）所强调的。强制有一种超越威慑的作用：它可以让公民在法律和秩序下消除疑心。如上所述，合法性和沟通是用来支持实施执行中威慑的核心内容。挪威海岸警卫队成功说服俄罗斯渔民远离斯瓦尔巴德群岛的"请求区域"，这暗示着在争论或讨价还价过程中，检查人员也愿意听俄罗斯人的意见。卡根和索尔茨（Kagan and Scholz，1984）的理论框架指出，检查人员是作为政治家的身份出现的。然而在这种情况下，俄罗斯渔民显然认为挪威检查人员是作为警察的角色出现的，仅仅是揭露或制裁违法行为。我们几乎看不到检查人员作为顾问来解决任何实际问题的痕迹，或者根据卡根和索尔茨的理论（1984，第68页）作为政治家，应该有能力延缓执行、妥协、谋求条例的修订等。除了在执行检查期间，（协议签署后的）讨价还价是海岸警卫队与捕鱼船队工作的中心内容（在特定情况下直接影响渔民的行为，间接影响他们的规范和对有效的执法体系的认识）。

我们看到，巴伦支海的渔业问题，协议签订后有可能的讨价还价，在国家

---

① 无疑挪威有一些影响俄罗斯行为的目的，但他们可能没有意识到它所激活的机制或者遵守的来源。网眼选择的逐步引进就是这一过程的例子，这对挪威方面来说或许是无意识的：挪威在捕虾业方面没有介绍网眼选择是为了几年后俄罗斯更容易在鳕鱼领域接受网眼选择技术。同样，新方法的逐步采用——从技术小组的联合探索，在常务委员会中通过讨论到联合委员会的正式采用——这毫无疑问得到了挪威人的欢迎，但是，他们不会故意设计一种方法使其变得更容易面对俄罗斯人。

和个人层面上有明显的差异。在国家层面上，挪威科学家、技术专家和公务员确实充当"政治家"和"顾问"的角色，以妥协和解决实际问题为目标（"我们总是有意识地尝试理解他们的问题"）。然而，根据我所访谈的俄罗斯渔民，他们告诉我，在检查期间，他们所接触到的挪威执法机构并不具有这种特征，挪威职员们并不敞开心扉（"他们不浪费任何言语。如果他们发现了什么，他们不会听我们的解释"）。可以说，在国家层面上，代表挪威海岸警卫队和俄罗斯捕鱼船队的公务员，在适合捕鱼的确定区域，表明其工作是"政治性"或"咨询性"的，这一点也不奇怪。没有检查员和渔民之间开放的、建设性的对话，鱼苗丰富地区的可持续捕捞毫无疑问是无法实现的。部分海岸警卫队在处理一些小的违法事件过程中拥有更多的灵活性，这可能与挪威的现行法律不相容，在检查时解决实际问题更重要的一点或许是增强了人们的遵守意识。

通常，国际渔业合作和国家渔业执法在传统的海洋法规中有很多尚未开发的潜力，"这不能只归因于深深扎根的归属感"（Gezelius，2002，第313页）。通过协议签订后的讨价还价，激活这一潜能，可能有助于渔业协议发挥作用。

参考文献

Aasjord, B. and G. Hønneland (2008), 'Hvem kan telle "den fisk under vann"? Kunnskapsstrid i russisk havforskning', *Nordisk østforum*, 22, 289 – 312.

Acheson, J. M. (1975), 'Fisheries management and social context: the case of the Maine lobster fishery', *Transactions of the American Fisheries Society*, 104, 653 – 68.

Allison, G. T. and P. D. Zelikow (1999), *Essence of Decision: Explaining the Cuban Missile Crisis*, New York: Longman.

Andresen, S. , E. L. Boasson and G. Hønneland (eds) (2012), *International Environmental Agreements: An Introduction*, London and New York: Routledge.

Axelrod, R. (2006), *The Evolution of Cooperation* (with a new foreword by Richard Dawkins), New York: Basic Books.

Baland, J. – M. and J. P. Platteau (1996), *Halting Degradation of Natural Resources: Is There a Role for Rural Communities?* Oxford: Clarendon Press.

Becker, G. (1968), 'Crime and punishment: an economic approach', *Journal of Political Economy*, 72, 169 – 217.

Bentham, J. (1789), *An Introduction to the Principles of Morals and Legislation*, London: T. Payne and Son.

Berenboym, B. I. , V. A. Borovkov, V. I. Vinnichenko, E. N. Gavrilov, K. V. Drevetnyak, Yu. A. Kovalev, Yu. M. Lepesevich, E. A. Shamray and M. S. Shevelev (2007), 'Chto takoe sinopticheskiy monitoring treski v Barentsevom ruore?', *Rybnye resursy*, 4, 24 – 9.

Berkes, F. (ed.) (1989), *Common – Property Resources: Ecology and Community – Based Sustainable Development*, London: Belhaven Press.

Bonger, W. A. (1916), *Criminality and Economic Conditions*, Boston, MA: Little, Brown and Co.

Borisov, V. M. , S. I. Boychuk, G. P. Vanyushin, A. D. Gomonor, D. N. Klyutohkov, B. N. Kotenev, G. G. Krylov and B. M. Shatokhin (2006), *Sinopticheskiy monitoring zapasov treski v Barentsevom more v 2005 g. na osnove ispol'zovaniya sovremennykh issledovatel'skikh tekhnologiy izucheniya bioresursov*, Moscow: VNIRO Publishing.

Bose, S. and A. Crees – Morris (2009), 'Stakeholder's views on fisheries com – pliance: an Australian case study', *Marine Policy*, 33, 248 – 53.

Bromley, D. W. (general ed.) (1992), *Making the Commons Work: Theory, Practice, and Policy*, San Francisco, CA: Institute for Contemporary Studies Press.

Brox, O. (1990), 'The common property theory: epistemological status and analytical utility', *Human Organization*, 49, 227 –35.

Burgstaller, M. (2005), *Theories of Compliance with International Law*, Leiden and Boston, MA: Martinus Nijhoff.

Chayes, A. and A. H. Chayes (1991), 'Compliance without enforce – ment: state behavior under regulatory treaties', *Negotiation Journal*, 7, 311 –30.

Chayes, A. and A. H. Chayes (1995), *The New Sovereignty: Compliance with International Regulatory Agreements*, Cambridge, MA and London: Harvard University Press.

Churchill, R. and G. Ulfstein (1992), *Marine Management in Disputed Areas: The Case of the Barents Sea*, London and New York: Routledge.

Cooter, R. and S. Marks, with R. Mnookin (1982), 'Bargaining in the shadow of the law: a testable model of strategic behavior', *Journal of Legal Studies*, 11, 225 –51.

Crawford, B. R., A. Siahainenia, C. Rotinsulu and A. Sukmara (2004), 'Compliance and enforcement of community – based coastal resource management regulations in North Sulawesi, Indonesia', *Coastal Management*, 32, 39 –50.

Dawes, R. M. (1975), 'Formal models of dilemmas in social decision making', in Martin Francis Kaplan and Steven Schwartz (eds), *Human Judgment and Decision Processes: Formal and Mathematical Approaches*, New York: Academic Press, pp. 88 –107.

Eggert, H. and A. Ellegard (2003), 'Fishery control and regulation com – pliance: a case for co – management in Swedish commercial fisheries', *Marine Policy*, 27, 525 –33.

Franck, T. M. (1990), *The Power of Legitimacy among Nations*, New York and Oxford: Oxford University Press.

Garcia, S. M. (1994), 'The precautionary principle: its implications in capture fisheries management', *Ocean and Coastal Management*, 22, 99 –125.

Gardner, R., E. Ostrom and J. Walker (1990), 'The nature of common – pool resource problems', *Rationality and Society*, 2, 335 –58.

Gergen, K. (2001), 'Self – narration in social life', in Margaret Wetherell, Stephanie Taylor and Simeon J. Yates (eds), *Discourse Theory and Practice: A Reader*, Thousand Oaks, CA and London: SAGE, pp. 247 –60.

Gezelius, S. S. (2002), 'Do norms count? State regulation and compliance in a Norwegian fishing community', *Acta Sociologica*, 45, 305 –14.

Gezelius, S. S. (2003), *Regulation an. d Compliance in the Atlantic Fisheries: State/Society Relations in the Management of Natural Resources*, Dordrecht and Boston, MA: Kluwer Academic.

Gezelius, S. S. (2004), 'Food, money, and morals: compliance among natural resource harvesters', *Human Ecology*, 32, 615 –34.

Gezelius, S. S. (2006), 'Monitoring fishing mortality: compliance in Norwegian offshore fisheries', *Marine Policy*, 30, 462 – 9.

Gezelius, S. S. (2007), 'Three paths from law enforcement to compliance: cases from the fisheries', *Human Organization*, 66, 414 – 25.

Glaser, B. G. and A. L. Strauss (1967), *The Discovery of Grounded Theory: Strategies for Qualitative Research*, Chicago, IL: Aldine.

Gordon, H. S. (1954), 'The economic theory of a common – property resource: the fishery', *Journal of Political Economy*, 62, 124 – 42.

Gray, W. B. and J. T. Scholz (1993), 'Does regulatory enforcement work? A panel analysis of OSHA enforceruent', *Law and Society Review*, 27, 177 – 213.

Gubrium, J. F. and J. A. Holstein (2009), *Analyzing Narrative Reality*, Thousand Oaks, CA and London: SAGE.

Habermas, J. (1984), *The Theory of Communicative Action*, Boston, MA: Beacon Press.

Hardin, G. (1968), 'The tragedy of the commons', *Science*, 162, 1243 – 8.

Hatcher, A. and D. Gordon (2005), 'Further investigations into the factors affecting compliance with U. K. fishing quotas', *Land Economics*, 81, 71 – 86.

Hatcher, A. , S. Jaffry, O. Thébaud and E. Bennett (2000), 'Normative and social influences affecting compliance with fishery regulations', *Land Economics*, 76, 448 – 61.

Hauck, M. (2008), 'Rethinking small – scale fisheries corupliance', *Marine Policy*, 32, 635 – 42.

Hauck, M. and M. Kroese (2006), 'Fisheries compliance in South Africa: a decade of challenges and reforny 1994 – 2004', *Marine Policy*, 30, 74 – 83.

Henkin, L. (1968), *How Nations Behave: Law and Foreign Policy*, London: Pall Mall Press.

Henriksen, T. and G. Ulfstein (2011), 'Maritime delimitation in the Arctic: the Barents Sea Treaty', *Ocean Development and International Law*, 42, 1 – 21.

Hersoug, B. (2005), *Closing the Commons: Norwegian Fisheries from Open Access to Private Property*, Delft: Eburon.

Hewison, G. J. (1996), 'The precautionary approach to fisheries management: an environmental perspectlve', *International Journal of Marine and Coastal Law*, 11, 301 – 32.

Hoel, A. H. (2005), 'The performance of exclusive economic zones: the case of Norway', in Syma A. Ebbin, Alf Hakon Hoel and Are K. Sydnes (eds), A Sea Change: *The Exclusive Economic Zone and Governance Institutions for Living Marine Resources*, Dordrecht: Springer, pp. 33 – 48.

Hønneland, G. (1993), *Fiskeren og allmenningen; lorvaltning og kontroll: Makt og kommunikasjon i kontrollen med jisket i Barentshavet*, Tromsø: University of Tromsø, Department of Social Science.

Hønneland, G. (1998), 'Compliance in the Fishery Protection Zone around Svalbard', *Ocean Development and International Law*, 29, 339 – 60.

Hønneland, G. (1999a), 'A model of compliance in fisheries: theoretical foundations and practical application', *Ocean and Coastal Management*, 42, 699 – 716.

Hønneland, G. (1999b), 'Co – operative action between fishermen an inspectors in the Svalbard Zone', *Polar Record*, 35, 207 – 14.

Hønneland, G. (1999c), 'The stories fishermen tell (or: Themes froru the Barents Sea fisheries)', *Human Ecology*, 27, 621 – 6.

Hønneland, G. (1999d), 'The interaction of research programmes in social science studies of the commons', *Acta Sociologica*, 42, 193 – 205.

Hønneland, G. (2000a), *Coercive and Discursive Compliance Mechanisms in the Management of Natural Resources: A Case Study from the Barents Sea Fisheries*, Dordrecht and Boston, MA: Kluwer Academic.

Hønneland, G. (2000b), 'Compliance in the Barents Sea fisheries: how fishermen account for conformity with rules', *Marine Policy*, 24, 11 – 19.

Hønneland, G. (2000c), 'Enforcement co – operation between Norway and Russia in the Barents Sea fisheries', *Ocean Development and International Law*, 31, 249 – 67.

Hønneland, G. (2003), *Russia and the West: Environmental Co – operation and Conflict*, London and New York: Routledge.

Hønneland, G. (2004), *Russian Fisheries Management: The Precautionary Approach in Theory and Practice*, Leiden and Boston, MA: Martinus Nijhoff.

Hønneland, G. (2005), 'Fisheries management in post – Soviet Russia: leg – islation, principles and structure', *Ocean Development and International Law*, 36, 179 – 94.

Hønneland, G. (2006), *Kvoteka. mp og kyststatssolidaritet: Norsk – russisk fiskeriforvaltning gjennom 30 år*, Bergen: Fagbokforlaget.

Hønneland, G. (2010), *Borderland Russians: Identity, Narrative and International Relations*, Basingstoke and New York: Palgrave Macmillan.

Hønneland, G. (2011), 'Kompromiss als Routine: Russland, Norwegen und die Barentssee', *Osteuropa*, 61, 257 – 69.

Jackson, P. T. (2010), *The Conduct of Inquiry in Internation. al Relations: Philosophy of Science and Its Implications for th. e Study of Worlcl Politics*, London and New York: Routledge.

Jacobson, H. K. and E. B. Weiss (1995), 'Strengthening compliance with international environmental accords: preliminary observations from a collaborative project', *Global Governance*, 1, 1 19 – 48.

Jensen, ø. (2011), 'Current legal developments, the Barents Sea: treaty between Norway and the Russian Federation concerning maritime delimitation and cooperation in the Barents Sea and the Arctic Ocean', *International Journal of Marine and Coastal Law*, 26, 151 – 68.

Jentoft, S. (1985), 'Models of fishery development: the cooperative approach', *Marine Policy*, 9, 322 – 31.

Jentoft, S. (1989), 'Fisheries co – management: delegating government responsibility to fishermen's organizations' *Marine Policy*, 13, 137 – 54.

Jentoft, S. (2005), 'Fisheries co – management as empowerment', *Marine Policy*, 29, 1 – 7.

Jentoft, S. and B. J. McCay (1995), 'User participation in fisheries management', *Marine Policy*, 19, 227 – 46.

Jentoft, S. , M. Bavinck, D. S. Johnson and K. T. Thomson (2009), 'Fisheries co – management and legal pluralism: how an analytical problem becomes an institutional one', *Human Organization*, 68, 27 – 38.

Jonsson, C. and J. Tallberg (1998), 'Compliance and post – agreement bargaining', *European Journal of International Relations*, 4, 371 – 408.

Jorgensen, A. K. (2009), 'Recent developments in the Russian fisheries sector', in Elena Wilson Rowe (ed.), *Russia and the North*, Ottawa: University of Ottawa Press, pp. 87 – 106.

Jorgensen, J. H. and G. Hønneland (2006), 'Implementing global nature protection agreements in Russia', *Journal of International Wildlife Law and Policy*, 9, 1 – 21.

Kagan, R. A. and J. T. Scholz (1984), 'The "criminology of the corporation" and regulatory enforcement strategies', in Keith Hawkins and John Michael Thomas (eds), *Enforecing Regulations*, Boston and The Hague: Kluwer – Nijhoff Publishing, pp. 67 – 95.

King, D. M. and J. G. Sutinen (2010), 'Rational noncompliance and the liquidation of northeast groundfish resources', *Marine Policy*, 34, 7 – 21.

King, D. M. , R. D. Porter and E. W. Price (2009), 'Reassessing the value of U. S. Coast Guard at – sea fishery enforcement', *Ocean Development and International Law*, 40, 350 – 72.

Koh, H. H. (1997), 'Why do nations obey international law?', *Yale Law Journal*, 106, 2599 – 659.

Krebs, R. R. and P. T. Jackson (2007), 'Twisting tongues and twisting arms: the power of political rhetoric', *European Journal of International Relations*, 13, 35 – 66.

Krementsov, N. (1997), *Stalinist Science*, Princeton, NJ: Princeton University Press.

Kuperan, K. and J. G. Sutinen (1998), 'Blue water crime: deterrence, legitimacy, and compliance in fisheries', *Law and Society Review*, 32, 309 – 37.

McCay, B. J. and J. M. Acheson (eds) (1987), *The Question of the Commons: The Culture and Ecology of Communal Resources*, Tucson: University of Arizona Press.

McCay, B. J. and S. Jentoft (1996), 'From the bottom up: participatory issues in fisheries management', *Society and Natural Resources*, 9, 237 – 50.

Mearsheimer, J. J. (2001), *The Tragedy of Great Power Politics*, New York: Norton.

Mitchell, R. B. (1994a), 'Regime design matters: intentional oil pollution and treaty compliance', *International Organization*, 48, 425 – 58.

Mitchell, R. B. (1994b), *Intentional Oil Pollution at Sea: Environmental Policy and Treaty Compliance*,

Cambridge, MA and London: MIT Press.

Mnookin, R. H. and L. Kornhauser (1979), 'Bargaining in the shadow of the law: the case of divorce', *Yale Law Journal*, 88, 950 – 97.

Morgenthau, H. (1948), *Politics among Nations: The Struggle for Power and Peace*, New York: Alfred A. Knopf.

Neumann, I. B. (1996), *Russia and the Idea of Europe: A Study in Identity and International Relations*, London and New York: Routledge.

Neumann, I. B. (2008), 'Discourse analysis', in Audie Klotz and Deepa Prakash (eds), *Qualitative Methods in International Relations: A Pluralist Guide*, Basingstoke and New York: Palgrave Macmillan, pp. 61 – 77.

Nielsen, J. R. (2003), 'An analytical framework for studying: compliance and legitimacy in fisheries management', *Marine Policy*, 27, 425 – 32.

Nielsen, J. R. and C. Mathiesen (2003), 'Important factors influencing rule compliance in fisheries: lessons from Denmark', *Marine Policy*, 27, 409 – 16.

Nostbakken, L. (2008), 'Fisheries law enforcement: a survey of the economic literature', *Marine Policy*, 32, 293 – 300.

Olson, M. (1965), *The Logic of Collective Action: Public Goods and the Tlzeory of Groups*, Cambridge, MA: Harvard University Press.

Ostrom, E. (1990), *Governing the Commons: The Evolution of Institutions for Collective Action*, Cambridge and New York: Cambridge University Press.

Ostrom, E., R. Gardner and J. Walker (1994), *Rules, Games, and Common – Pool Resources*, Ann Arbor: University of Michigan Press.

Pedersen, T. (2008), 'The constrained politics of the Svalbard offshore area', *Marine Policy*, 32, 913 – 19.

Pedersen, T. (2009a), 'Norway's rule on Svalbard: tightening the grip on the Arctic islands', *Polar Record*, 45, 147 – 52.

Pedersen, T. (2009b), 'Denmark's policies toward the Svalbard area', *Ocean Development and International Law*, 40, 319 – 32.

Pedersen, T. (2011), 'International law and politics in U. S. policymaking: the United States and the Svalbard dispute', *Ocean Development and International Law*, 42, 120 – 35.

Pinkerton, E. (ed.) (1989), *Co – operative Management of Local Fisheries: New Directions for Improved Management and Community Development*, Vancouver: University of British Columbia Press.

Pyle, D. J. (1983), *The Economics of Crime and Law Enforcement*, London: Macmillan.

Randall, J. K. (2004), 'Improving compliance in U. S. federal fisheries: an enforcement agency perspective', *Ocean Development and International Law*, 35, 287 – 317.

Ries, N. (1997), *Russian Talk: Culture and Conversation during Perestroika*, Ithaca, NY and London: Cornell University Press.

Ringmar, E. (1996), Identity, Interest and Action: *A Cultural Explanation of Sweden's Intervention in the Thirty Years War*, Cambridge: Cambridge University Press.

Røttingen, I., H. Gjøsæter and B. H. Sunnset (2007), 'Norsk – russisk forsk – ersamarbeid 50 år', *Havforskningsnytt*, 16, Bergen: Institute of Marine Research.

Rubin, H. J. and I. S. Rubin (1995/2005): Qualitative Interviewing: *The Art of Hearing Data*, 1st and 2nd editions, Thousand Oaks, CA and London: SAGE.

Sen, S. and J. R. Nielsen (1996), 'Fisheries co – management: a comparative analysis', *Marine Policy*, 20, 405 – 18.

Serebryakov, V. and P. Solemdal (2002), 'Cooperation in marine research between Russia and Norway at the dawn of the 20th century', *ICES Marine Science Symposia*, 215, 73 – 86.

Smith, A. (1759), *The Theory of Moral Sentiments*, London: A. Millar.

Smith, A. (1776), *An Inquiry into the Nature and Causes of the Wealth of Nations*, London: Strahan & Cadell.

Somers, M. (1994), 'The narrative constitution ofidentity: a relational and network approach', *Theory and Society*, 23, 605 – 49.

Southall, T., P. Medley, G. Hønneland, P. Maclntyre and M. Gill (2010), *MSC Sustainable Fisheries Certzjication: The Barents Sea Cod and Haddock Fisheries*, Inverness: Food Certification International.

Spector, B. I. and I. W. Zartman (eds) (2003), *Getting It Done: Post – Agreement Negotiation and International Regimes*, Washington, DC: United States Institute of Peace Press.

Sproule – Jones, M. (1982), 'Public choice theory and natural resources: methodological explication and critique', American Political Science Review, 76, 790 – 804.

Stokke, O. S. (2009), 'Trade measures and the combat of IUU fishing: institutional interplay and effective governance in the Northeast Atlantic', *Marine Policy*, 33, 339 – 49.

Stokke, O. S. (2010a), *A Disaggregate Approach to International Regime Effectiveness: The Case of Barents Sea Fisheries*, Oslo: Unipub.

Stokke, O. S. (2010b), 'Barents Sea fisheries: the IUU struggle', *Arctic Review on Law and Politics*, 1, 207 – 24.

Stokke, O. S. (forthcoming), *Disaggregating International Regime Effectiveness: Theory, Method, Governance*, Cambridge, MA and London: MIT Press.

Sutinen, J. G. and P. Andersen (1985), 'The economics of fisheries Law enforcement', *Land Economics*, 61, 387 – 97.

Sutinen, J. G. and K. Kuperan (1999), 'A socioeconomic theory of regulatory compliance in fisheries', *International Journal of Social Economics*, 6, 174 – 93.

Sutinen, J. G. , A. Rieser and J. R. Gauvin (1990), 'Measuring and explaining noncompliance in feder-
ally managed fisheries', *Ocean Development and International Law*, 21, 335 – 72.

Tyler, T. R. (2006), *Why People Obey the Law* (with a new afterword by the author), Princeton, NJ:
Princeton University Press.

Underdal, A. (2000), 'Conceptual framework: modelling supply of and demand for environmental regula-
tion', in Arild Underdal and Kenneth Hanf (eds), *International Environmental Agreements and Domes-
tic Politics: The Case of Acid Rain*, Aldershot and Burlington, VT: Ashgate, pp. 49 – 86.

Vylegzhanin, A. N. and V. K. Zilanov (2007), Spitsbergen: *Legal Regime of Adjacent Marine Areas*, U-
trecht: Eleven International Publishing.

Walt, S. (1998), 'International relations: one world, many theories', *Foreign Policy*, 110, 29 – 45.

Weber, M. , G. Roth and C. Wittich (1978), *Economy and Society: An Outline of Interpretive Sociology*,
Berkeley: University of California Press.

Weiss, E. B. and H. K. Jacobson (eds) (1998), *Engaging Countries: Strengthening Compliance with In-
ternational Environmental Accords*, Cambridge, MA and London: MIT Press.

Wendt, A. (1992), 'Anarchy is what states make of it: the social construction of power politics', *Inter-
national Organization*, 46, 391 – 425.

Wilson, D. C. , J. R. Nielsen and P. Degnbol (eds) (2003), *The Fisheries Co – management Experience:
A ccomplishments, Challenges and Prospects*, Dordrecht and Boston, MA: Kluwer Academic.

Young, O. R. (1979), *Compliance and Public Authority: A Theory with International Applications*, Balti-
more, MD and London: Johns Hopkins University Press.

译后记

本书的翻译出版得以顺利完成，首先是同济大学极地与海洋国际问题研究中心参加此翻译项目的团队成员精诚合作的结果。此书作为翻译项目的开展和协调由王传兴统一负责。本书承担的翻译工作任务分别如下：中译本序、作者简介、致谢、第一章、第六章由潘敏翻译，第二章由王传兴翻译，第三章由宋黎磊翻译，第四章由王丽琴翻译，第五章由罗毅翻译。全书统稿工作由潘敏负责。同济大学政治与国际关系学院本科生谢子豪同学在本书第四章译者王丽琴出国访学（新加坡）期间，辅助该章译者对校译稿进行核对和修正；同济大学政治与国际关系学院硕士研究生张安妮同学为第三章翻译做了大量辅助工作；同济大学政治与国际关系学院硕士研究生赵丽娟同学和傅丽娜同学为本书的翻译做了很多编辑和联系辅助工作，在此对他们表示感谢！

感谢挪威南森研究所为此书的翻译出版提供的资助；没有他们的慷慨支持，此书的翻译出版是难以想象的。

译者

2016 年 6 月于同济园